ARQUITECTURA,
URBANISME
I EDIFICACIÓ

32

UNIVERSITAT POLITÈCNICA
DE CATALUNYA
BARCELONATECH

iniciativa
digital politècnica
Publicacions Acadèmiques de la UPC

→ **UPCGRAU**

El terreny i l'estudi geotècnic →

Josep Ignasi de Llorens Duran
Oriol Pons Valladares

Primera edició: març de 2015

Disseny i dibuix de la coberta: Jordi Soldevila
Disseny maqueta interior: Jordi Soldevila
Maquetació: Mercè Aicart

© Els autors, 2015

© Iniciativa Digital Politècnica, 2015
Oficina de Publicacions Acadèmiques Digitals de la UPC
Jordi Girona, 31,
Edifici Torre Girona, Planta 1, 08034 Barcelona
Tel.: 934 015 885
www.upc.edu/idp
E-mail: info.idp@upc.edu

Producció: LIGHTNING SOURCE

Dipòsit legal: B 7687-2015
ISBN: 978-84-9880-520-8

Índex

Agraïments: Fructuòs Maña Reixach, catedràtic de Construcció de l'ETSAB/UPC.

A la memòria de Beatriz Ruiz Olazábal (La Rioja, 1953-Barcelona, 2013), professora de Construcció de l'ETSAB, UPC.

→1

El sòl com a material de fonamentació

1.1. Introducció

Els edificis es poden fonamentar damunt de roques o sòls. Les roques són agregats naturals d'un o més minerals que, per patir modificacions estructurals sensibles en presència d'aigua, necessiten terminis superiors a la vida útil de l'edifici. En canvi, els sòls són la part de la crosta terrestre formada per materials que es poden disgregar en partícules individuals per acció de l'aigua.

1.2. Les roques

1.2.1. Classificació segons l'origen

Segons l'origen, les roques es poden classificar en:

a) **Roques eruptives o ígnies** (figura 1): estan formades per la consolidació de magma fos i poden ser:

- Eruptives plutòniques: roques eruptives de gra gruixut refredades lentament en profunditat (Plutó és el Déu dels inferns): granets, diorites, gabres, pòrfirs, peridotites.

- Eruptives volcàniques: roques eruptives de gra fi refredades ràpidament en superfície (Volcà és el Déu del foc): basalts, fonolites, piroclastos , traquites, ofites, riolites, andesites, dacites (figures 2 a 5).

b) **Roques sedimentàries**: estan formades per sediments cementats i poden ser:

- Mecàniques: conglomerats, arenisques, margues (figures 6 a 9).
- Químiques: sals (figures 10 i 11).
- Orgàniques: calcàries, silíciques, carbons.

c) **Roques metamòrfiques:** són la modificació de les roques sedimentàries o eruptives a causa de la temperatura, pressió i emanacions gasoses. Per exemple marbres, quarsites, pissarres, esquists, gneis, cornianes (figures 12 i 13).

Fig. 1
Formació de les roques eruptives o ignies, que tot i que són les roques originals, poden tenir discontinuïtats (F. Wallis, 1980).

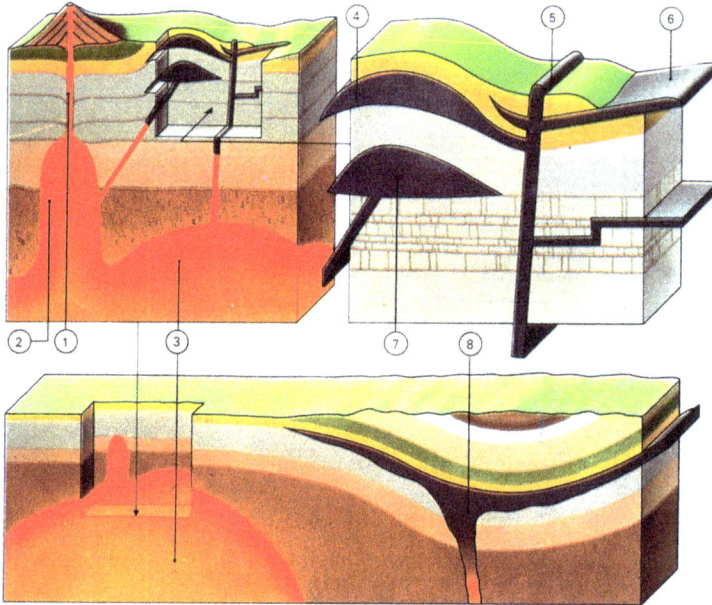

1. Xemeneia circular d'alimentació d'un volcà.
2. Bossada: gran massa que va solidificar en profunditat.
3. Batòlit: gran cos de granit del qual no es detecta el fons.
4 i 7. Lacòlits: masses en forma de cúpula que han arquejat la roca superior.
5. Dic: massa de roca aplanada vertical. És una intrusió en fractures verticals.
6. Filó de capa: massa de roca aplanada horitzontal. És una intrusió en fractures horitzontals entre estrats.

Fig. 2
Columnes de basalt a la pedrera de Boscarró (incorporades directament a l'església de la Colònia Güell).

Fig. 3
Volcà el Croscat,
a la Garrotxa.

Fig. 4
Lava solidificada al Molí
Vell, a Ruidaura.

Fig. 5
Bomba del volcà
Croscat, a la Garrotxa.

Fig. 6
Massis de Montserrat,
Bages.

Fig. 7
El conglomerat de
Montserrat és una roca
sedimentària de còdols
arrodonits amb poca
matriu i ciment calcari.

Fig. 8
Margues.

Fig. 9
La "tufa" de Pamplona
és una marga.

Fig. 10
Muntanya de sal
de Cardona.

Fig. 11
Paisatge de guixeres.
Cal observar com n'és de
turmentada la topografia, les
fractures i els lliscaments.

Fig. 12
Aflorament de marbre.

Fig. 13
Explotació de pissarra.

1.2.2. Propietats de les roques

Les roques, com a material de fonamentació, tenen les propietats següents:

– Elevada resistència, superior a 0,5 MPa, com s'observa a la taula 1.

– Poc deformables (taula 2).

– Difícils d'excavar (figura 14).

– Poden estar plegades, meteoritzades, fracturades o incloure discontinuïtats i, per tant, requereixen descripció curosa i supervisió geològica (figura 15).

Fig. 14
La roca inspira confiança perquè costa molt d'excavar. Rambla Nova de Tarragona, 2001.

Taula 1
Valors aproximats de la resistència a la compressió simple (taula D.9 CTE DB SE-C).

Assaig de resistència aproximada	Classificació de la resistència a compressió simple	Valor estimat q_u (MPa)
Es pot ratllar amb una ungla	Especialment dèbil	< 1
Es trenca amb cops de martell moderats	Molt baixa	1 a 5
Es pot ratllar amb la navalla		
Difícilment es ratlla amb la navalla	Baixa	5 a 25
No es pot ratllar amb la navalla	Mitjana	25 a 50
Es pot trencar amb un cop de martell		
Calen diversos cops de martell moderats	Alta	50 a 100
Difícil de trencar amb el martell de geòleg	Molt alta	100 a 250
Amb el martell de geòleg només es poden produir algunes esberles	Extremament alta	> 250

Fig. 15
La roca pot tenir discontinuïtats, plegaments i estratificació. La Fontcalda a Prat del Comte, Terra Alta.

Roca	E (kg/cm²/10⁵)	Roca	E (kg/cm²/10⁵)
Andesita	3,0 - 4,0	Esquist	0,6 - 3,9
Amfibolita	1,3 - 9,2	Granit	1,7 - 7,7
Anhidrita	0,15 - 7,6	Grauvaca	4,7 - 6,3
Arenisca	0,3 - 6,1	Limonita	5,3 - 7,5
Basalt	3,2 - 10	Lutita	0,3 - 2,2
Calcària	1,5 - 9,0	Marga	0,4 - 3,4
Quarsita	2,2 - 10	Marbre	2,8 - 7,2
Diabasa	6,9 - 9,6	Micasquist	0,1 - 2,0
Diorita	0,2 - 1,7	Pissarra	0,5 - 3,0
Dolomita	0,4 - 5,1	Sal	0,5 - 2,0
Garbro	1,0 - 6,5	Tova	0,3 - 7,6
Gneis	1,7 - 8,1	Guix	1,5 - 3,6

Taula 2
Valors del mòdul d'elasticitat d'algunes roques (L.I. González de Vallejo, 2002).

Les roques inspiren confiança perquè tenen molta resistència. El valor de la resistència a la compressió simple s'utilitza per determinar la resistència admissible i la caracterització de la roca s'utilitza per considerar si la roca es comporta com un sòl. En la taula 1 es mostren valors de resistència a la compressió simple aproximada (taula D.9. CTE DB SE-C).

La normativa vigent, el CTE DB SE-C, demana que, en el reconeixement geotècnic de la roca, s'explori un gruix mínim de 2 m + 0,3 m multiplicats pel nombre de plantes de l'edifici que s'han de fonamentar. En aquest mateix CTE consta la caracterització de la roca segons els 11 paràmetres següents:

1. Origen (eruptives, sedimentàries, metamòrfiques) en la taula D.4 del CTE.
2. Grau de meteorització en la taula D.5 del CTE (taula 3). S'utilitza per determinar si la roca es comporta com un sòl, a partir del grau V (figura 16).
3. Resistència a compressió simple de la roca matriu en la taula D.9 del CTE.
4. Obertura de les discontinuïtats en la taula D.10 del CTE (taula 4 i figura 17). Amb aquest valor es determina la resistència admissible.
5. Rugositat de les discontinuïtats en la taula D.11 del CTE. A gran escala (en longituds de l'ordre del metre) es classifiquen com a graonades, ondulades o planes. A menor escala (en longituds de l'ordre de centímetres) es classifiquen com a rugoses, suaus o especulars.
6. Replè de les discontinuïtats en la taula D.12 del CTE (taula 5).
7. Espaiament de les discontinuïtats en la taula D.13 del CTE (taula 6). Influeix en el valor de la pressió admissible.
8. Índex de trencament en la taula D.14 del CTE (taula 7).
9. Persistència de les discontinuïtats en la taula D.15 del CTE (taula 8).
10. Classificació R.Q.D. en la taula D.16 del CTE (taula 9). R.Q.D. vol dir *Rock Quality Designation*. És el quocient entre la suma dels trossos de testimoni de longitud superior a 10 cm i la longitud total perforada en una maniobra de sondatge (normalment d'1,5 m a 3 m).
11. Presència d'aigua de les discontinuïtats en la taula D.17 del CTE (taula 10).

	Grau	Denominació	Criteri de reconeixement
Taula 3 Grau de meteorització de la roca (taula D.5 del CTE DB SE-C).	I	Roca sana o fresca	La roca no presenta signes visibles de meteorització, poden existir lleugeres pèrdues de color o petites taques d'òxids en els plans de discontinuïtat.
	II	Roca lleugerament meteoritzada	La roca i els plans de discontinuïtat presenten signes de descoloració. La roca pot estar descolorida a la paret dels junts, però no és notori que la paret sigui més dèbil que la roca sana.
	III	Roca moderadament meteoritzada	La roca està descolorida a la paret. La meteorització comença a penetrar cap a l'interior de la roca des de les discontinuïtats. El material és notablement més dèbil a la paret que en la roca sana. Material dèbil < 50% del total.
	IV	Roca meteoritzada o molt meteoritzada	Més de la meitat del material està descompost a terra. Apareix roca sana o lleugerament meteoritzada de forma discontínua.
	V	Roca completament meteoritzada	Tot el material està descompost al terra. L'estructura original de la roca es manté intacta.
	VI	Sòl residual	La roca està totalment descomposta en el terra i no es pot reconèixer ni la textura ni l'estructura original. El material es manté *in situ* i existeix un canvi de volum important.

Fig. 16
Meteorització del granit per oxidació dels feldspats. Cal observar la inclusió silícia. Tiana, el Maresme.

Fig. 17
Discontinuïtats de la marga de Torelló farcides de llims.

Qualificatiu general	De detall	Obertura
	Molt tancades	< 0,1 mm
Juntes tancades	Tancades	0,1 a 0,25 mm
	Parcialment obertes	0,25 a 0,5 mm
	Obertes	0,5 a 2,5 mm
Massís rocós esquerdat	Força obertes	2,5 a 10 mm
	Obertura àmplia	> 1 cm
	Obertura molt àmplia	1 a 10 cm
Juntes obertes	Obertura especialment àmplia	10 a 100 cm
	Estructura buida	> 1 m

Taula 4
Obertura de les discontinuïtats de la roca (taula D.10 del CTE DB SE-C).

19

Taula 5
Replè de les discontinuïtats
de la roca (taula D.12
del CTE DB SE-C).

Classe 1	Reble sec i de baixa permeabilitat
Classe 2	Reble humit sense presència d'aigua lliure
Classe 3	Reble molt humit amb aportació d'aigua lliure
Classe 4	Reble rentat amb flux d'aigua continu
Classe 5	Reble soscavat amb importants vies d'aigua

Taula 6
Espaiament de les
discontinuïtats de la
roca (taula D.13 del
CTE DB SE-C).

Qualificatiu	**Espaiament (cm)**
Especialment petit	< 2
Molt petit	2 a 6
Petit	6 a 20
Moderat	20 a 60
Ampli	60 a 200
Molt ampli	200 a 600
Especialment ampli	> 600

Taula 7
Índex de trencament
de la roca (taula D.14
del CTE DB SE-C).

Qualificatiu	**N. de diàclasis per m³**
Massiu	< 1
Poc diaclasat	1 a 3
Mitjanament diaclasat	3 a 10
Força diaclasat	10 a 30
Molt diaclasat	30 a 60
Triturat	> 60

Taula 8
Persistència de les
discontinuïtats de la
roca (taula D.15 del
CTE DB SE-C).

Qualificatiu	**Persistència (m)**
Molt petita	< 1
Escassa	1 a 3
Mitjana	3 a 10
Alta	10 a 20
Molt alta	> 20

Taula 9
Classificació RQD de
la roca (taula D.16 del
CTE DB SE-C).

Classificació	**Valor del RQD (%)**
Molt mala qualitat	< 25
Mala qualitat	25 a 50
Mitjana qualitat	50 a 75
Bona qualitat	75 a 90
Excel·lent	90 a 100

Classe 1	No hi ha possibilitat de flux d'aigua
Classe 2	No hi ha indicis d'aigua
Classe 3	Hi ha indicis d'haver-hi aigua (taques d'òxid)
Classe 4	Humitats
Classe 5	Filtracions
Classe 6	Flux continu d'aigua

Taula 10
Presència d'aigua en les discontinuïtats de la roca (taula D.17 del CTE DB SE-C).

Es considera que una roca es comporta com un sòl (article 4.3.4.2 del CTE) si té poca resistència a la compressió simple (q_u < 2,5 MPa = 25,5 kg/cm², taula D.9 del CTE), està molt diaclasada (R.Q.D. < 25, taula D.16 del CTE) o està molt meteoritzada (grau de meteorització > IV, taula D.5 del CTE).

A continuació es presenta un exemple de caracterització d'un granit:

1. Origen: eruptiva.
2. Grau de meteorització: grau III, roca moderadament meteoritzada, perquè està descolorida a la paret.
3. Classificació de la roca matriu: resistència mitjana a la compressió, de 25 MPa a 50 MPa, perquè no es pot ratllar amb la navalla.
4. Obertura de les discontinuïtats: obertes, massís rocós esquerdat, perquè les obertures són de 0,75 mm.
5. Rugositat de les discontinuïtats: rugosa.
6. Replè de les discontinuïtats: classe 3, perquè és molt humida i amb aigua.
7. Espaiament de les discontinuïtats: moderat, perquè estan a 30 mm.
8. Índex de trencament: força diaclasades, perquè té 15 diàclasi per m³.
9. Persistència de les discontinuïtats: mitjana, perquè n'hi ha 4 per metre.
10. Classificació R.Q.D.: qualitat mitjana, valor R.Q.D. del 60%.
11. Presència d'aigua de les discontinuïtats: classe 4, perquè hi ha humectacions.

Per la pressió admissible orientativa de les roques, es poden adoptar els valors de la taula D.25 del CTE (taula 11).

Tipus i condicions	Pressió admissible [MPa]
Roques ígnies i metamòrfiques sanes (granit, diorita, basalt, gneis)	10
Roques metamòrfiques foliades sanes (esquists, pissarres)	3
Roques sedimentàries sanes: pissarres cimentades, limolites, arenisques, calcàries sense carstificar, conglomerats cimentats	1 a 4
Roques argiloses sanes	0,5 a 1
Roques diaclasades de qualsevol tipus amb espaiament de discontinuïtats superior a 0,30 m, excepte roques argiloses	1
Calcàries, arenisques i roques pissarroses amb petit espaiament dels plans d'estratificació	—
Roques molt diaclasades o meteoritzades	—

Taula 11
Pressions admissibles de la roca (Taula D.25 del CTE DB SE-C).

I per últim, és important tenir en compte els problemes que poden presentar les roques i que requereixen d'estudi especial (figura 18).

Fig. 18
Situacions que
requereixen estudi especial
(CTE DB SE-C).

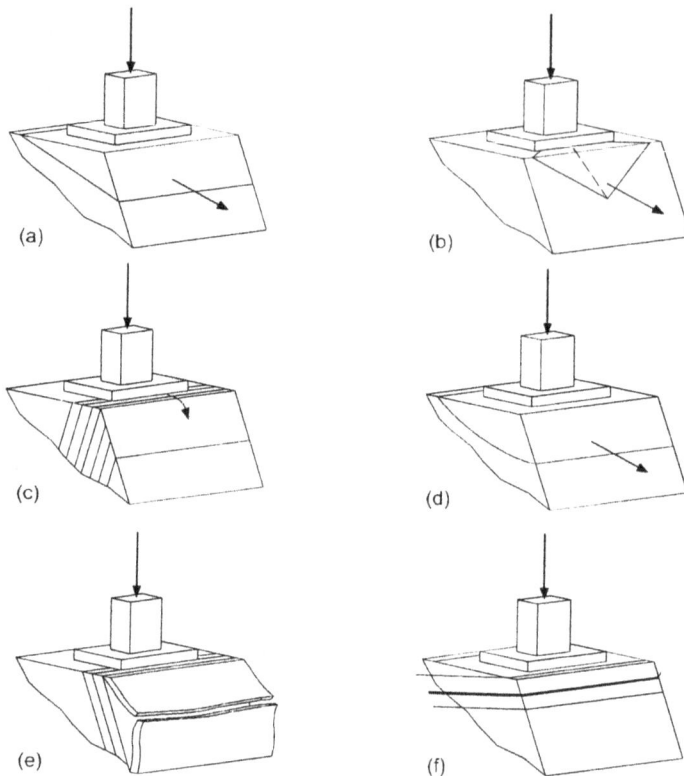

a) **Lliscament** a favor dels plans de discontinuïtat (bloc).
b) **Lliscament** en presència de diverses famílies de discontinuïtats (falca).
c) **Bolcada** d'estrats (*toppling*).
d) **Ruptura** generalitzada amb massissos molt fracturats.
e) **Vinclament** d'estrats.
f) Comprovació d'**assentaments** en alternança de roques de diferent deformabilitat.

1.3. Els sòls

1.3.1. Classificació i formació

Els sòls es poden classificar en:

- **Granulars** o gruixuts: tenen menys del 35% del pes de partícules < 0,06 mm
- **Coherents** o fins: tenen més del 35% en pes de partícules < 0,06 mm
- **Orgànics**: tenen una proporció considerable de matèria orgànica (> 50%)
- **Reblerts sense consolidar i artificials**, fangs inorgànics de llims i argiles amb molta aigua amb els quals no es poden formar bastonets que resisteixin el propi pes.

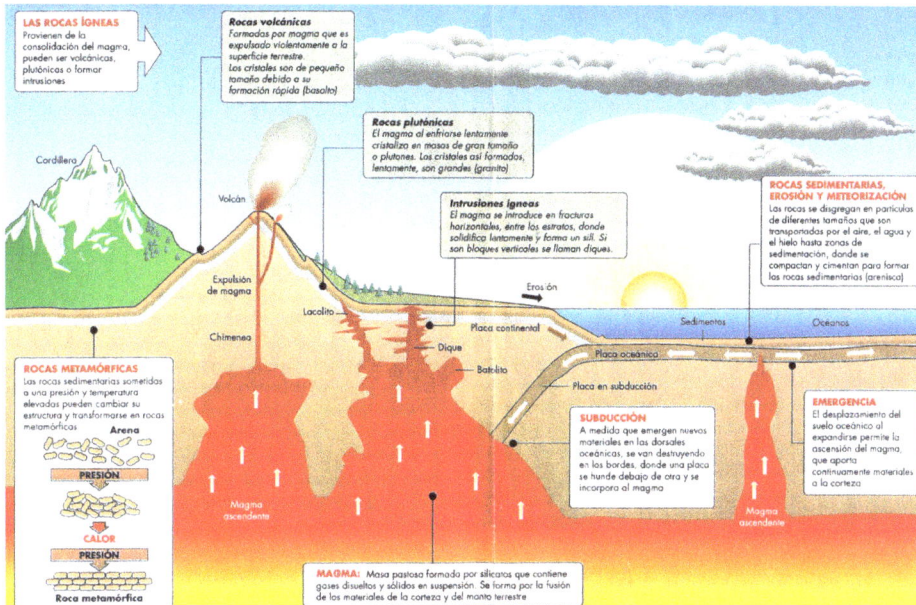

Fig. 19
El cicle del sòl (*La Vanguardia*, 15/07/1995).

Fig. 20
Vallter, Ripollès.

Els sòls orgànics, els reblerts i els fangs requereixen d'un estudi especial i no són aptes per fonamentar, excepte en alguns casos molt particulars com, per exemple, estructures isostàtiques de gran llum per a naus industrials i superfícies comercials.

El cicle de formació dels sòls és tancat, com es pot veure a la figura 19. Procedeixen de les roques, després passen a les plaques marines i continentals i de les plaques al magma, que ascendeix i aporta materials contínuament. El seu procés de formació té les característiques següents:

a) El **material** en determina la composició. Les roques calcàries produeixen granulats fins (Garraf). Les roques granítiques produeixen granulats més gruixuts (sauló).

Fig. 21
Efecte de les glaçades.

Fig. 22
Descomposició de la roca a l'embassament de Cavallers, Alta Ribagorça.

b) El **procés d'erosió**: xoc tèrmic, glaçades (figures 20 a 22), pluja (figures 23 i 24), riu (figures 25 i 26), mar (figures 27 i 28), glacera (grans còdols i graves, figura 29), vent (sòls fins sense cohesió), degradació química (de granit a sauló, figura 30) i expansió per glaçada.

c) La **forma de transport** determina l'homogeneïtat del dipòsit. Els sòls produïts per deteriorament tèrmic o químic poden haver quedat in situ.

Les glaçades erosionen la roca i la neu s'acumula i forma glaceres o rius de glaç (figures 31 i 32) que avancen per gravetat fins que el clima més càlid les fon. Com que la glacera és constant, l'erosió que en resulta forma una vall en forma de *U*, o sigui, de parets quasi verticals. En fondre's, els materials arrossegats es dipositen a les vores i formen grans acumulacions anomenades morrenes. Es diferencien clarament de les terrasses fluvials per la distribució dels materials, ja que en una morrena els materials són molt més heterogenis i estan molt desorganitzats. A més, els blocs de pedra que arrossega no han estat rodats.

Fig. 23
Meteorització i dissolució, Capadòcia.

Fig. 24
Les Orgues d'Ille sur Tet.

Fig. 25
Erosió fluvial del riu Daiya.

Fig. 26
Transport fluvial
a Montserrat.

Fig. 27
Castro de Baroña a
la Ria de Muros.

Fig. 28
Erosió costanera a Na
Xamena, Eivissa.

Fig. 29
L'acció enèrgica de la
glacera de Grenzgletsche-
Gornergletscher, a Suïssa.

Fig. 30
El sauló, que és una sorra,
es forma per oxidació
superficial del granit.

Fig. 31
Jungfraufirm, Suïssa.

Fig. 32
Vall de Wengen-
Männlichen, Suïssa.

En canvi, l'erosió fluvial és deguda a l'aigua dels rius, que transcorre de les zones més elevades a les més baixes, impulsada per la força de la gravetat. La caiguda de l'aigua arrenca i arrossega materials del sòl (figura 33) que es van dipositant segons la seva mida i la corrent del riu. Una vall fluvial és el llit excavat per un riu des del seu naixement fins a la desembocadura. Té forma de *V*, més tancada en el curs del riu alt i més oberta en el curs baix (figura 34). La seva formació resulta de la combinació de dos fenòmens: l'aprofundiment o erosió del fons i l'eixamplament o erosió de les parets i laterals.

Si el llit del riu passa per una zona de roques dures l'erosió origina talls, gorges o congosts que apareixen en el curs alt, on el riu té més poder erosiu. En són exemples destacat els Grand Canyon del Colorado (figura 35) i el Congost de Montrebei.

Fig. 33
Erosió fluvial al Molí Fondo, la Garrotxa.

Fig. 34
El curs mitjà del riu Krka, Croàcia.

Fig. 35
L'espectacular Grand Canyon, Colorado.

En el curs mitjà del riu, de menys pendent, el riu comença a divagar i segueix un traçat sinuós, formant corbes anomenades meandres que es van fent cada vegada més pronunciats, ja que l'aigua es llança contra la riba del riu, excavant-la i fent-la abrupte, mentre que a la riba convexa, per la menor velocitat, hi predomina el dipòsit de materials. A causa de l'erosió, el meandre pot acabar unint dues de les seves branques. El riu tendeix a circular de forma rectilínia i pot deixar un meandre abandonat en forma de llac semilunar.

En desembocar, el riu diposita la part més fina dels sediments formant deltes o omplint depressions, llacs i albuferes, com són els casos dels deltes del Nil i de l'Ebre o el Marjal de Pego-Oliva, a Alacant.

d) **Fenòmens posteriors** a la formació dels sòls que afecten la composició i estructura (figura 36):

- **Cimentació**: l'aigua diposita sals que omplen els porus i converteixen els sediments solts en roca. D'aquesta manera la sorra es converteix en arenisca.
- **Carbonatació** de les argiles (tortora).
- **Consolidació**: el pes propi expulsa l'aigua intersticial, augmenta la densitat i el sediment es converteix en argil·lita compacta.
- **El temps** millora el sòl perquè augmenta la densitat i les possibilitats de cimentació o carbonatació.
- **Metamorfosi**: la pressió recristal·litza els minerals formant una massa contínua sense intersticis. És el cas dels marbres.

Fig. 36
Tres fenòmens posteriors que afecten l'estructura i la composició dels sòls: cementació a dalt, consolidació al mig i metamorfosi o recristal·lització a baix (F. Wallis, 1980).

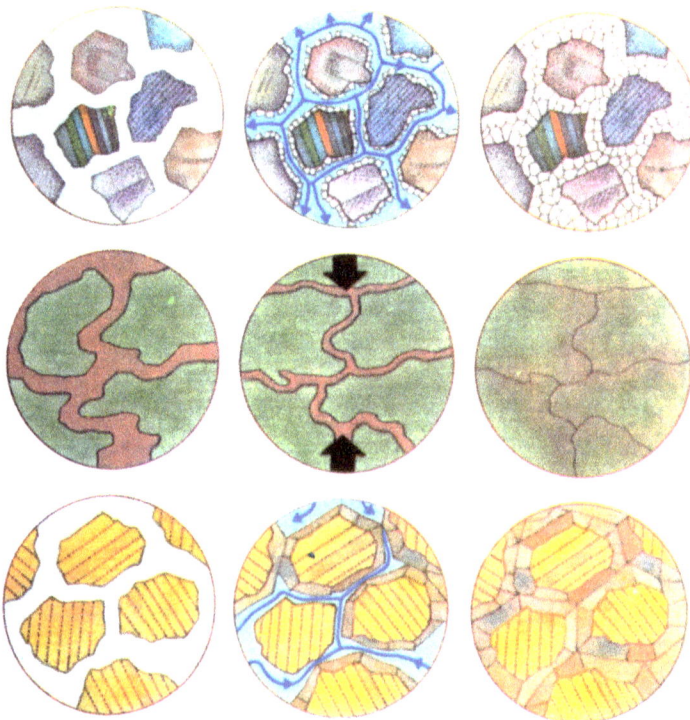

En l'esquema de la figura 37 i la taula 12 s'observen quatre casos de formació dels sòls de fonamentació a partir de les glaçades, la pluja, la meteorització, el vent i el mar, i a les figures 38 i 39 se'n presenten dos exemples.

Fig. 37
Quatre casos de formació de sòls (F. Wallis, 1980).

Taula 12
Formació de sòls.

	Cas 1	Cas 2	Cas 3	Cas 4
Erosió	Glaçades	Meteorització Pluja	Vent	Onades
Transport	Glacera	Riu	Vent	Corrents
Dipòsit	Llacs	Deltes	Deserts	Mar
Litificació	Compactació Cimentació (argil·lites)	Cimentació (arenisca, pissarres argiloses)	Cimentació Recristal·lització (arenisques)	Cimentació Recristal·lització (calcàries)

Fig. 38
Quaternari sobre
margues a Vic, Osona.

Fig. 39
Reblert antròpic a
Marratxí, Mallorca.

1.3.2. Composició i estructura

Els sòls es componen bàsicament de partícules sòlides + aire + aigua. En la taula 13 i la figura 40 es comparen els sòls granulars i els sòls coherents.

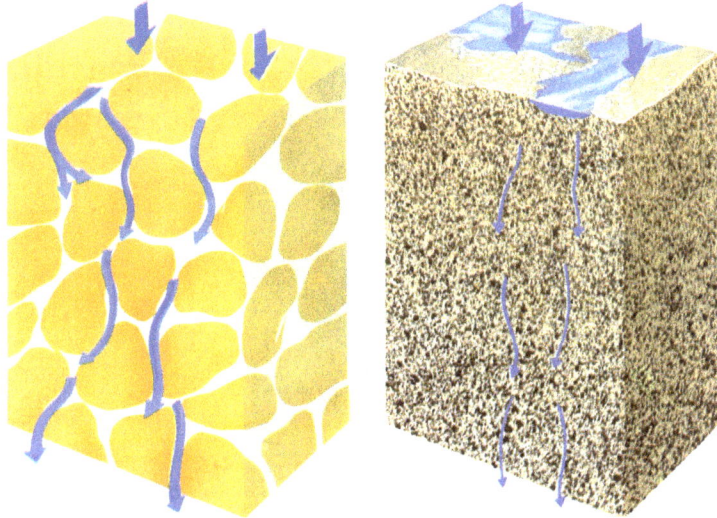

Fig. 40
En un sòl sorrenc (esquerra) l'aigua s'escola fàcilment. En canvi, en un sòl argilós (dreta) li costa (T. Jennings, 1989).

Tipus de sòl	Granular	Coherent
Mida del gra	gra gruixut	gra fi
Tipus	graves, sorres	llims, argiles
Permeabilitat	permeables	impermeables
Propietats	fricció	cohesió
	densitat	plasticitat
Assentaments	assentaments ràpids	assentaments lents
Compressibilitat	menys compressibles	més compressibles
Tacte	es noten al tacte	no es noten al tacte
Forma dels grans	els grans són arrodonits	els grans són laminars

Taula 13
Sòls granulars i coherents. Comparació.

1.3.3. Els sòls granulars

Segons el CTE-DB-SE-C, perquè un sòl sigui granular, la proporció en pes del contingut de graves i sorres ha de ser $\geq 65\%$ i més del 50% de les partícules s'han de poder distingir a simple vista (0,1/0,2 mm aproximadament), com mostra la taula 14 de granulometria (vegeu que per al formigó la sorra comença als 4 mm).

Per classificar els sòls granulars, es determina la granulometria d'una mostra garbellant-la amb una sèrie de garbells normalitzats (figures 41 i 42). El percentatge de la mostra que queda retingut en cada un dels garbells es representa en una corba normalitzada (UNE 103 101), que és la corba granulomètrica i serveix per classificar el terreny.

Fig. 41
Els garbells normalitzats per
identificar els sòls granulars.

Fig. 42
L'assaig de granulometria. A
la part superior es col·loca
el garbell més gruixut,
de manera que els grans
van quedant retinguts en
funció del seu diàmetre.

Granulometria (mm)					
Graves			*Sorres*		
Gruixudes	Mitjanes	Fines	Gruixudes	Mitjanes	Fines
20,0 - 60,0	6,0 - 20,0	2,0 - 6,0	0,60 - 2,00	0,20 - 0,60	0,06 - 0,20

Taula 14
Granulometria dels sòls granulars.

Denominació		% d'argila i llim
Nom principal	Grava o sorra	—
Nom secundari	Sorrenca o amb grava	—
Amb indicis	Llims o argiles	1 - 10
Una mica	Llimosa o argilenca	10 - 20
Bastant	Llimosa o argilenca	20 - 35

Taula 15
Denominació dels sòls granulars amb fins.

Si hi ha barreja de graves, sorres, llims i argiles, la denominació dels sòls granulars té nom principal, nom secundari i matís segons els percentatges d'argiles i llims indicats a la taula 15. Per exemple: grava sorrenca amb indicis de llims i argiles vol dir que es tracta de graves i sorres amb un màxim del 10% d'argila i llim. Com s'observa, encara que només hi hagi un 1% de llim o argila, aquests entren en la denominació.

A la taula 16 i la figura 43 es presenta la granulometria d'una sorra amb indicis de llims i argiles (fins). Es tracta d'una granulometria contínua perquè no té cap graó, és a dir, no li falta cap diàmetre. Els sòls que tenen la granulometria contínua són els sòls ben graduats, preferibles perquè es poden compactar més i, per tant, poden ser menys densos i porosos , poden suportar més càrrega i deformar-se menys. En canvi, els sòls mal graduats no tenen representats tots els diàmetres. La seva granulometria és discontínua.

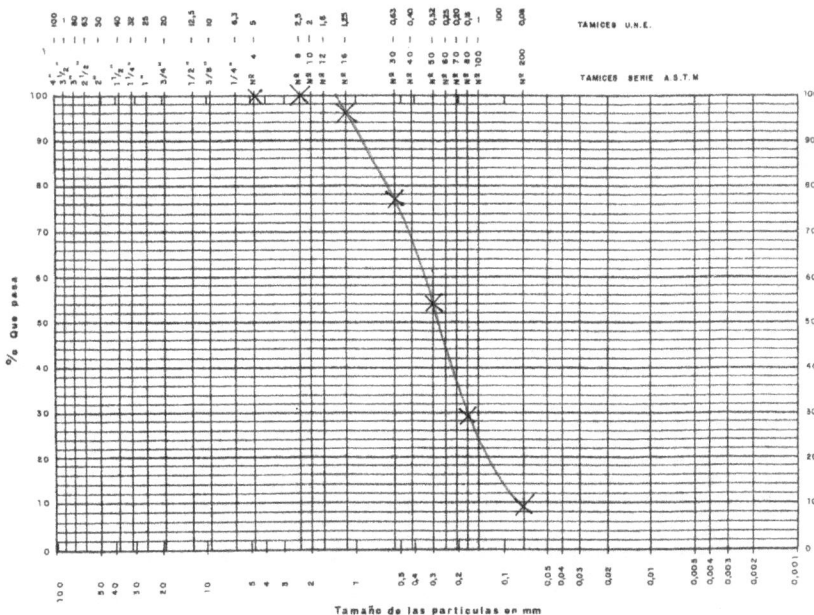

Fig. 43
Granulometria de la sorra de la taula 16 representada en l'imprès normalitzat de la UNE 103 101: quasi tota la corba queda inclosa en l'entorn de la sorra. Hi ha poca variació perquè la corba està molt inclinada. El 100 − 9 = 91% és sorra. El gra més gruixut té menys de 2,5 mm de diàmetre. No hi ha gens de grava. Hi ha indicis de fins (9%) i la corba té continuïtat perquè no falta cap diàmetre.

UNE 103 101	5,0	2,5	1,26	0,63	0,32	0,16	0,08
% que passa	100	100	96	77	54	29	9

Compacitat	Molt fluixa	Fluixa	Mitjana	Densa	Molt densa
N de l'SPT	< 4	4 a 10	11 a 30	31 a 50	> 50

A més de la granulometria, també es pot classificar la compacitat de les sorres a partir de la N de l'SPT, tal com s'indica en la taula 17. Exemple: si $N_{SPT} = 5$ la compacitat de la sorra és fluixa.

Si hi ha barreja de sorres, llims i argiles també es pot recórrer al triangle de Feret que està zonificat (figura 44). Hem d'observar que les sorres (zones e, g i h) ocupen molt menys de la meitat del triangle; els fins n'envaeixen més de la meitat. La raó és que els fins proporcionen les seves propietats (plasticitat i cohesió) amb poca quantitat, en canvi, les sorres només en són quasi netes.

Cal recordar que, en la definició de sòl granular, s'ha demanat un mínim del 65% de sorres i graves (en lloc del 50%).

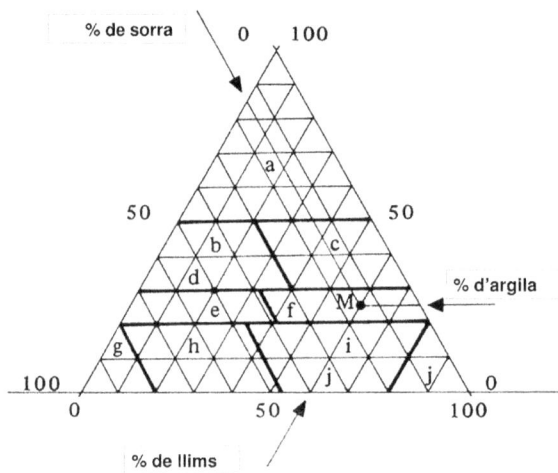

La taula 18 proporciona el valor orientatiu de la pressió admissible dels sòls granulars. (Ample del fonament B ≥ 1 m i nivell freàtic a més d'1 m per sota del plànol de contacte de la fonamentació).

Tipus de sòl granular	Pressió admissible (MPa)
Graves i barreja de sorres i grava, molt denses	> 0,6
Graves i barreja de grava i sorra, de mitjanament denses a denses	0,2 a 0,6
Graves i barreja de sorra i grava, soltes	< 0,2
Sorra molt densa	> 0,3
Sorra mitjanament densa	0,1 a 0,3
Sorres soltes	< 0,1

1.3.4. Els sòls fins o coherents

Es consideren sòls fins o coherents els que tenen una proporció en pes de partícules inferiors a 0,06 mm > 35% i més del 50% de les partícules no es poden distingir a simple vista (0,1 mm aproximadament). La taula 19 indica la granulometria dels sòls coherents.

En la denominació principal dels sòls fins es diferencia entre:

- Argila: fracció del sòl amb partícules < 0,002 mm. Es poden determinar els límits plàstic i líquid.
- Llim: fracció del sòl amb partícules de mida superior a 0,002 mm que passen pel garbell UNE 0,06. Són sòls intermedis entre les argiles i les sorres. Si es poden determinar els límits plàstic i líquid es comporten com les argiles. Si no es pot determinar la plasticitat es comporten com sorres. Són partícules equidimensionals (pols de roca) que no tenen forma laminar. Són menys plàstics que les argiles i més vulnerables als canvis d'humitat. El gra de llim no es nota al tacte manual, però es nota amb la llengua.

Si hi ha barreja de graves, sorres, llims i argiles, la denominació dels sòls coherents té la denominació principal esmentada i, a més, un nom secundari en funció dels percentatges de sorres i graves indicats a la taula 20. Per exemple: llim sorrenc vol dir que es tracta de llim amb un mínim del 35% de sorra (i un màxim del 65%). Cal observar que la sorra i la grava no s'esmenten si n'hi ha menys del 35%. En la denominació matisada dels sòls granulars, els fins apareixen a partir de l'1%.

La taula 21 proporciona el valor orientatiu de la pressió admissible de les argiles i els llims.

Granulometria dels sòls fins			
Llims			Argiles
Gruixuts	Mitjans	Fins	
0,020 - 0,060 mm	0,006 - 0,020 mm	0,002 - 0,006 mm	< 0,002 mm

Taula 19
Granulometria dels sòls coherents.

Denominació matisada (percentatge de fins a > 35%)		% de sorres i graves
Nom principal	Argiles o llims	> 35
Nom secundari	Sorrenc/a o amb grava	35 - 65

Taula 20
Denominació matisada dels sòls coherents.

Sòl	Argiles dures	Argiles molt fermes	Argiles fermes	Argiles i llims tous	Argiles i llims molt tous
Pressió admissible (MPa)	0,3 a 0,6	0,15 a 0,3	0,075 a 0,15	< 0,075	No aptes

Taula 21
Pressió admissible orientativa de les argiles i els llims.

La propietat característica dels sòls coherents és la plasticitat, que es defineix amb els límits de Atterberg o de plasticitat. Aquests límits són les humitats que delimiten els estats. En estat semisòlid (poc humit), el sòl no és plàstic. Per entrar en la fase plàstica (modelable) requereix un mínim d'humitat, que és el límit plàstic W_p. Però si té molta humitat, deixa de ser plàstic i passa a fluir com un líquid. La humitat màxima que manté l'estat plàstic del sòl és el límit líquid W_l. Si la humitat és inferior al límit plàstic, el sòl

Fig. 45
A l'esquerra, el sòl, amb molta aigua, es presenta en forma líquida. Els peus s'enfonsen en el fang. Al mig, el sòl no té tanta aigua, la suficient per ser plàstic; els peus no s'enfonsen però queden les petjades. A la dreta, en estat sòlid, té poca aigua. Els peus no s'enfonsen ni queden les petjades (R. L'Hermite, 1971).

no és plàstic, però si la humitat és superior al límit líquid, el sòl flueix i l'edifici que s'hi recolza passa a flotar com un vaixell. La figura 45 és la representació que en fa R. L'Hermite (1971).

Fig. 46
Extracció del material que arriba al laboratori en el llevamostres.

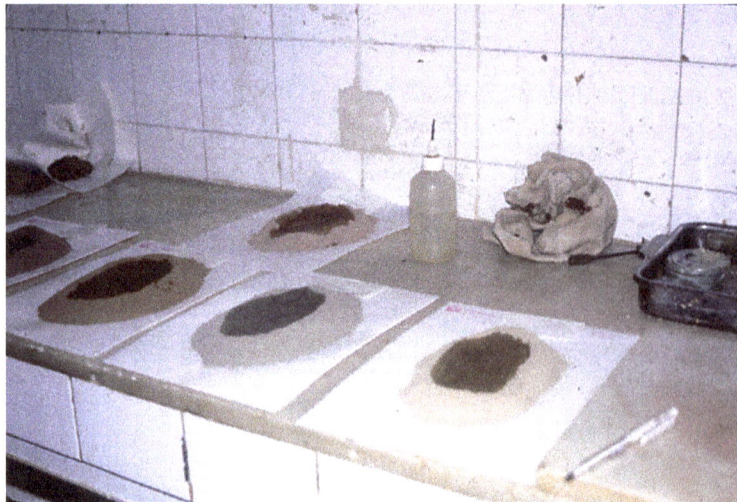

Fig. 47
Preparació de les mostres per determinar els límits.

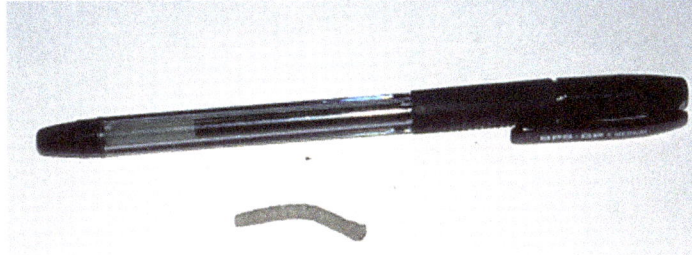

Per determinar el límit plàstic W_p, es mesura la humitat d'un bastonet de 3 mm de diàmetre que es pugui aixecar un o dos centímetres agafant-lo per la meitat sense que s'hi faci una fissura (figures 46 a 48).

El límit líquid W_l es determina amb l'aparell de Casagrande. Consisteix a col·locar la mostra en un plateret metàl·lic normalitzat i marcar una ranura, que s'ha de tancar 1 cm en picar 25 vegades el plateret sobre la taula (figures 49 i 50).

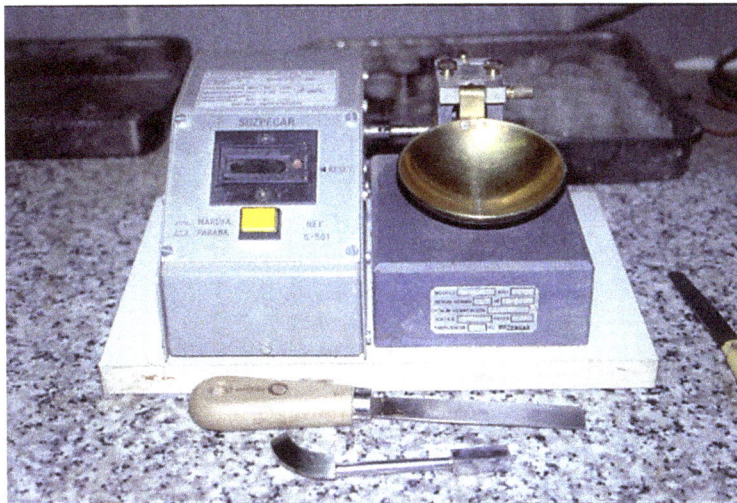

Fig. 49
L'aparell de Casagrande.

Sòl	Límit líquid (W_l)	Límit plàstic (W_p)	Índex de plasticitat (I_p)
Sorra	10 a 25	no en té	no en té
Llim	20 a 35	10 a 30	5 a 15
Argila	40 a 150	15 a 50	20 a 100
Col·loides	> 150	> 50	> 100

La diferència entre el límit líquid i el límit plàstic és l'índex de plasticitat I_p, que mesura el rang de valors de la humitat ($W_l - W_p$) que manté el sòl plàstic (figura 51). Si és alt, indica que variacions importants d'humitat no impliquen canvi d'estat perquè el sòl es manté plàstic. A partir dels límits es poden classificar els sòls fins, tal com s'indica a la taula 22 i la figura 52. Exemple de classificació amb l'àbac de Casagrande a partir dels límits líquid 34 i plàstic 16: es calcula l'índex de plasticitat $I_p = 34 - 16 = 18$. Des de $W_l = 34$ a l'eix de les abscisses i $I_p = 18$ al de les ordenades, es va a parar al punt P, que és a l'àrea b d'argiles inorgàniques de plasticitat mitjana.

Fig. 50
L'aparell de Casagrande
tal com el descriu la
norma UNE 103-103-94.

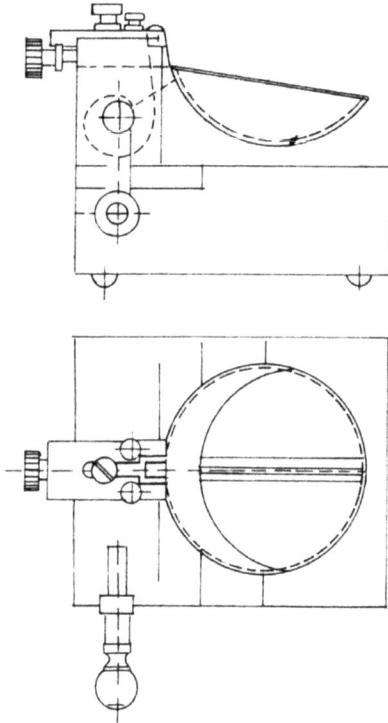

Fig. 51
Interpretació dels límits.
La humitat s'incrementa
d'esquerra a dreta.

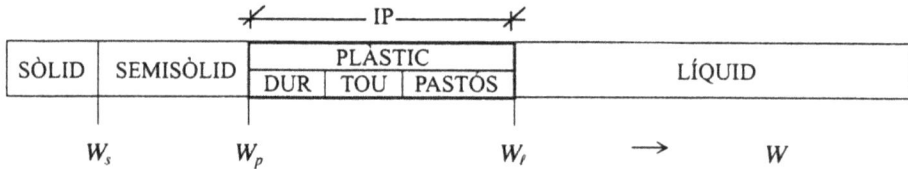

Fig. 52
Àbac de Casagrande
per classificar els
sòls coherents o fins.
L'equació de la recta és
$Ip = 0,73 \cdot (W\ell - 20)$.
a) Argiles inorgàniques molt
plàstiques.
b) Argiles inorgàniques
de plasticitat mitjana.
c) Argiles orgàniques
molt compressibles,
llims minerals d'alta
compressibilitat. d) Sorres
argiloses. e) Sorres llimoses
molt fines.
f) Argiles llimoses. g) Llims
minerals de compressibilitat
dèbil. h) Llims i argiles
de compressibilitat
mitjana orgànica o no.
(F. Maña, 1975).

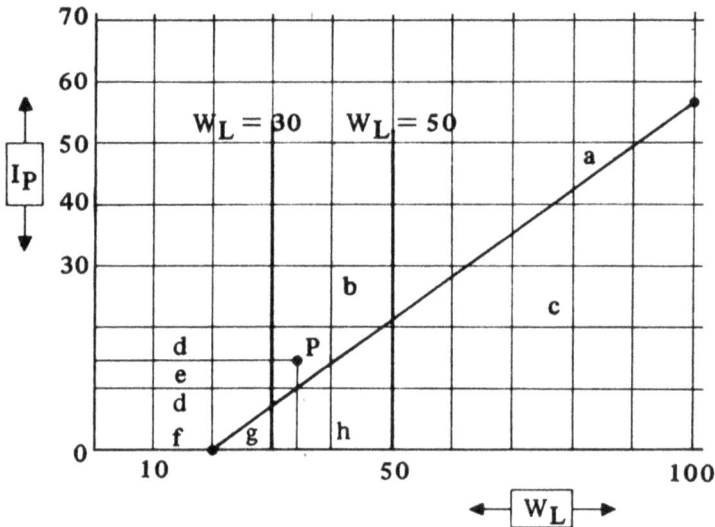

Taula 23
Estimació de la consistència
de les argiles a partir
de la resistència a la
compressió simple.

$(1 \text{ kPa} = 0.01 \text{ kp/cm}^2)$

Consistència de les argiles	Molt tova	Tova	Mitjana	Ferma	Molt ferma	Dura
q_u (kPa)	0 - 25	25 - 50	50 - 100	100 - 200	200 - 400	> 400

A més de la plasticitat, també es pot classificar la consistència de les argiles a partir de resistència a la compressió simple q_u, tal com s'indica en la taula 23. Exemple: la consistència d'una argila que resisteix 0,3 kp/cm² a la compressió simple és tova, perquè 0,3 kp/cm² = 30 kPa i la taula 23 indica que 30 kPA corresponen a la consistència tova.

1.3.5. Els sòls deficients

Els sòls deficients, que no són aptes per fonamentar, poden ser:

– Sòls orgànics: amb proporció considerable (> 50 %) de matèria orgànica.
– Reblerts naturals sense consolidar.
– Reblerts artificials i abocadors.
– Fangs inorgànics: llims inorgànics i argila amb molta aigua. No es poden formar cilindres que resisteixin el propi pes.

1.3.6. Identificació dels sòls

Els sistemes d'identificació dels sòls són:

1. **Inspecció visual**, directa a peu d'obra.
2. **Granulometria**.
3. **Plasticitat,** límits d'Atterberg.
4. **Classificació unificada**.
5. **Anàlisis químiques**, com en els cassos següents: les torbes (sòls amb > 50% de matèria orgànica), les margues (amb 40% a 75% de carbonat de calç. Amb poc carbonat es comporten com argila) i els sòls agressius (inclosa l'aigua del subsòl).

Taula 24
Protocol d'inspecció
visual organolèptica.

Examen visual	Estrènyer-la amb les mans i després deixar-la		Modelar un cilindre amb la mostra humida	Classificació
	Està seca	Està humida		
Té un aspecte granulós. Llisca fàcilment en estat sec	No es pot modelar. Quan s'obre la mà, es desfà	Es pot modelar, però es desfà en tocar-la amb els dits	No forma un cilindre	**Sorra**
Té més d'un 80 % de partícules llimoses. En sec pot tenir aspecte granulós, es redueix fàcilment a una pols suau.	Es pot modelar i manipular sense que es desfaci	Es pot modelar i manipular	Forma un cilindre d'aspecte suau i abrupte	**Llim**
Textura fina, dividida en terrossos molt durs quan està seca. S'identifica per la cohesió en estat humit	Es modela i es pot manipular sense precaucions	Es modela i es pot manipular sense precaucions	Forma cilindres llargs, prims i flexibles	**Argila**

*a) Protocol d'**inspecció visual** amb experiència.* En la taula 24 és possible distingir la sorra, el llim, l'argila i mixtes amb: *i*) examen visual; *ii*) prement el terra amb les mans; *iii*) formant un cilindre.

d) Classificació unificada. En aquesta classificació, a partir de la combinació de dues inicials es formen 14 etiquetes. Les inicials són les següents:

G   Grava

S   Sorra

M Sòls fins no plàstics o poc plàstics. Llims

C   Sòls fins plàstics. Argiles

Pt Torbes, humus o sòls pantanosos

O   Orgànics

W Granulometria contínua

P   Granulometria discontínua

L   Límit líquid baix

H   Límit líquid alt

Taula 25
Classificació
unificada de sòls.

Grups	Descripció	Propietats		
		Permeabilitat	Resistència al tall	Compressibilitat
GW	Graves ben graduades, barreges de grava i sorra amb pocs fins o sense	Permeable	Molt bona	Menyspreable
GP	Graves mal graduades, barreges de sorra i grava amb pocs fins o sense	Molt permeable	Bona	Menyspreable
GM	Graves llimoses, barreges mal graduades de grava, sorra i llim	Semipermeable a impermeable	Bona	Menyspreable
GC	Graves argiloses, barreges mal graduades de grava, sorra i llim	Impermeable	Bona a regular	Molt baixa
SW	Sorres ben graduades, sorres amb grava, amb pocs fins o sense	Permeable	Molt bona	Menyspreable
SP	Sorres mal graduades, sorres amb grava, amb pocs fins o sense	Permeable	Bona	Molt baixa
SM	Sorres llimoses, barreges de sorra i llim mal graduades	Semipermeable a impermeable	Bona	Baixa
SC	Sorres argiloses, barreges mal graduades de sorres i argiles	Impermeable	Bona a regular	Baixa
ML	Llims inorgànics i sorres molt fines, pols de roca, sorres fines llimoses o argiloses amb poca plasticitat	Semipermeable a impermeable	Regular	Mitjana
CL	Argiles inorgàniques de plasticitat baixa o mitjana, argiles amb grava, argiles sorrenques, argiles llimoses, argiles magres	Impermeable	Regular	Mitjana
OL	Llims orgànics i argiles llimoses orgàniques de baixa plasticitat	Semipermeable a impermeable	Deficient	Mitjana
MH	Llims inorgànics, sòls llimosos o sorrencs, fins micacis o amb diatomees, llims plàstics	Semipermeable a impermeable	Regular a deficient	Elevada
CH	Argiles inorgàniques de plasticitat elevada, argiles grasses	Impermeable	Deficient	Elevada
OH	Argiles orgàniques de plasticitat mitjana a elevada	Impermeable	Deficient	Elevada
Pt	Turba o terrenys molt orgànics	Inutilitzables		

Com s'observa en la taula 25, la classificació unificada proporciona:

1. Una descripció segons el significat de les inicials.
2. Idea de la permeabilitat. Varia de "molt permeable" a "impermeable". Tots els **G** (graves) ho són. Els **S** (sorres) també ho són si no estan contaminades. La **C** (argila) implica impermeabilitat.
3. Idea de la resistència. Varia de "deficient" a "molt bona". Augmenta amb la grandària del gra. Disminueix en augmentar W_l.
4. Idea de la compressibilitat. Varia de "elevada" a "menyspreable". Va augmentant en disminuir la grandària del gra i augmentar W_l.

L'equivalència entre la classificació unificada i de Casagrande es presenta a la figura 53.

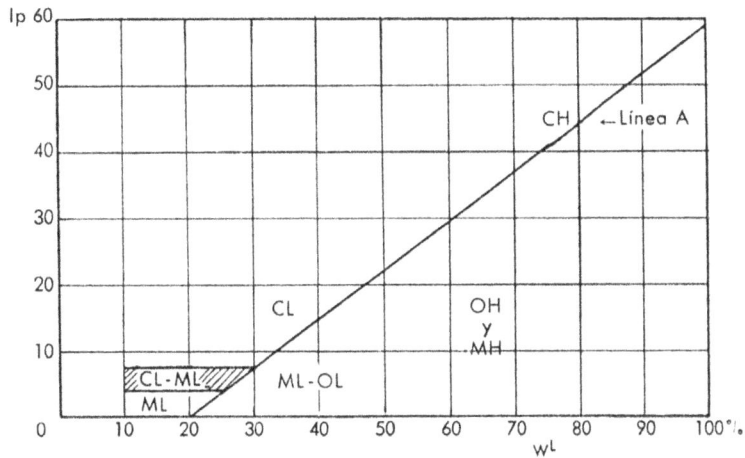

Fig. 53
Àbac de Casagrande amb la classificació unificada.
Línia $A = 0.73 \cdot (W_l - 20)$.

L'EHE 08 (BOE, 2008) defineix el tipus d'ambient que afecta els elements estructurals, en aquest cas els fonaments, amb la combinació de la classe general d'exposició (que afecta la corrosió de les armadures) i la classe específica d'exposició relacionada amb d'altres processos de deteriorament del formigó diferents de la corrosió de les armadures.

Un element de fonamentació està sotmès a un ambient definit per la combinació d'ambdues classes d'exposició: una general i una altra (o altres) específica, que està quantificada (taules 8.2.2, 8.2.3.*a* i 8.2.3.*b* de l'EHE 08, disponibles a *http://www.fomento.gob.es/NR/rdonlyres/B1C64BAE-8C01-422C-A0BC-098B76F07B99/37456/CAPITULOIIborde.pdf*). La taula 26 en recull alguns exemples.

Cas	Descripció	Classe general	Classe específica	Tipus d'ambient
A	Sabates per sobre del N.F. El sòl no presenta agressivitat.	IIa (normal, humitat elevada)	No en té	IIa
B	Piló que no travessa N.F. El sòl no presenta agressivitat específica.	IIa (normal, humitat elevada)	No en té	IIa
C	Piló que travessa aigua de mar.	IIIb (marina submergida)	Qb (agressivitat química mitjana)	IIIb + Qb
D	Pantalla que no travessa N.F. El sòl és molt agressiu per la presència de sulfats.	IIa (normal, humitat elevada)	Qc (agressivitat química alta)	IIa + Qc

Taula 26
Classificació unificada de sòls.

1.3.7. Valors dels sòls

De volum: porositat, índex de porus, compacitat, 5 densitats, humitat natural, humitat màxima, grau de saturació, índex de densitat, densitat relativa i índex de consistència. Valors mecànics: angle de fricció, cohesió, mòdul de deformació i resistència a la compressió simple.

Humitat: La humitat (w) és un percentatge que no té unitats i respon a l'equació següent. Cal observar que un valor w de 100% no vol dir que la mostra estigui saturada.

$$w = \frac{\text{Pes de l'aigua}}{\text{Pes del sòlid}} \cdot 100$$

Fig. 54
Pesada de la mostra.

Fig. 55
Forn d'assecatge de la mostra.

La humitat és fàcil de mesurar. Només cal pesar la mostra, assecar-la i tornar-la a pesar (figures 54 i 55). Exemple: en un recipient es pesa una mostra humida de sòl i s'obté un pes de 346,38 g. S'asseca la mostra dins del recipient i es torna a pesar, obtenint 318,40 g Si sabem que el recipient pesa 203,03 g es pot calcular la humitat. El pes de l'aigua és 346,38 − 318,40 = 27,98 g i el pes del sòlid és 318,40 − 203,03 = 115,37 g. Per tant, la humitat val:

$$w = \frac{27,98}{115,37} \cdot 100 = 24,3\,\%$$

Porositat: n és la fracció del volum total ocupada pels porus, que poden estar plens d'aire o/i d'aigua $\Rightarrow$ volum de porus = volum d'aire + volum d'aigua (figura 56). En una mostra de volum unitari, si el volum dels porus és n, la porositat és:

$$\frac{n}{1} = n = \frac{\text{volum (aire + aigua)}}{\text{volum total}}$$

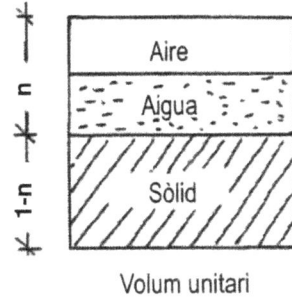

Fig. 56
El sòl es pot subdividir en tres fraccions: les partícules sòlides, l'aigua i l'aire. L'aigua i l'aire omplen els porus que són els espais que queden entre les partícules. Si no hi ha aire, el sòl està saturat i si no hi ha aigua, està sec.

Volum unitari

Índex de porus: e és la relació entre el volum ocupat pels porus i el de la fracció sòlida.

$$e = \frac{\text{volum (aire + aigua)}}{\text{volum del sòlid}}$$

Relació entre porositat i índex de porus: com que el volum de porus en la mostra unitària és n, el volum de la fracció sòlida és $1 - n$. Per tant, aplicant la definició de l'índex de porus:

$$e = \frac{n}{1 - n} \quad \text{i també:} \quad n = \frac{e}{1 + e}$$

L'índex de porus pot variar de 0,35 (el valor que correspon a la densitat màxima) i 0,91 (valor que correspon a la densitat mínima (figura 57).

Fig. 57
Variació de l'índex de porus en un sòl ideal format per esferes del mateix diàmetre. Esquerra $e_{\text{mín.}} = 0,35$, dreta $e_{\text{màx.}} = 0,91$.

Compacitat: és la fracció del volum total ocupada per les partícules.

$$\sigma = \frac{\text{volum del sòlid}}{\text{volum total}}$$

Relació entre compacitat i porositat (figura 58):

$$\sigma = \frac{1 - n}{1}; \quad n = 1 - \sigma$$

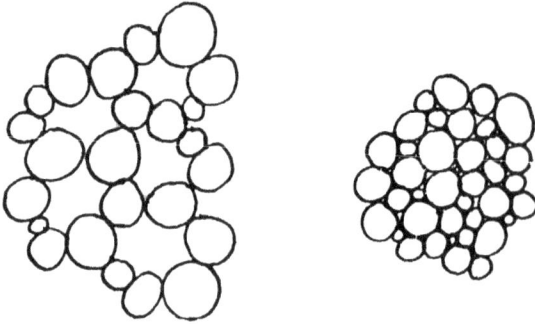

Les 5 densitats del sòl

Densitat de les partícules γ_s: és la més alta de totes les densitats.

$$\gamma_s = \frac{\text{pes del sòlid}}{\text{volum del sòlid}}$$

Valors orientatius: turba: 1,1 T/m³, argila: 2,5 a 2,9 T/m³, sorra: 2,65 T/m³.

Densitat aparent o densitat γ: És menor que γ_s per que inclou els porus. Varia entre γ_d i γ_{sat}.

$$\gamma = \frac{\text{pes total}}{\text{volum total}}$$

Densitat seca γ_d: és la menor de les densitats aparents possibles. Tots els porus estan plens d'aire. No hi ha aigua. El sòl està sec.

$$\gamma_d = \frac{\text{pes del sòlid}}{\text{volum total}}$$

Densitat saturada γ_{sat}: és la major de les densitats aparents possibles. Tots els porus estan plens d'aigua. No hi ha aire. El sòl està saturat.

$$\gamma_{sat} = \frac{\text{sòlid} + \text{aigua}}{\text{volum total}}$$

Exemple de càlcul de la densitat aparent

Una mostra de sòl humit pesa 300,44 g. La mateixa mostra submergida pesa 163,88 g. Volum total de la mostra: $300,44 - 163,88 = 136,56$ cm³.

$$\text{densitat aparent } \gamma = \frac{300,44}{136,56} = 2,20 \, \frac{\text{g}}{\text{cm}^3}$$

La humitat màxima $w_{\text{màx.}}$ és la del sòl saturat, que té tots els porus plens d'aigua. El pes de l'aigua és el volum dels porus ($n \cdot$ volum total) per la densitat de l'aigua γ_ω. El pes del sòlid és la densitat aparent γ_d pel volum total. O sigui que:

$$w_{\text{màx.}} = \frac{n \cdot \text{volum total} \cdot \gamma_\omega}{\gamma_d \cdot \text{volum total}} \cdot 100 = \frac{n \cdot \gamma_\omega}{\gamma_d} \cdot 100$$

La porositat n condiciona la **humitat màxima** possible $w_{\text{màx.}}$, que és la que omple tots els porus i es correspon amb la densitat saturada γ_{sat}.

Grau de saturació és el percentatge de porus plens d'aigua.

Si la mostra està saturada, *tots* el porus estan plens d'aigua:

1. el volum d'aigua és $n \cdot$ volum total
2. el grau de saturació **G** és el 100%
3. la densitat és la densitat saturada γ_{sat}
4. la humitat és la màxima, o sigui $w_{\text{màx.}}$

Si la mostra està seca (volum d'aigua $= 0$):

1. el grau de saturació **G** seria el 0%
2. la densitat seria la densitat seca γ_d
3. la humitat w seria 0.

El grau de saturació es pot calcular a partir de la humitat w, la densitat seca γ_d i la porositat n:

$$w = \frac{\text{pes aigua}}{\text{pes sòlid}} \cdot 100 \Rightarrow \text{pes aigua} = \frac{w \cdot \text{pes sòlid}}{100}$$

$$\gamma_w = \frac{\text{pes aigua}}{\text{vol. aigua}} \Rightarrow \text{volum aigua} = \frac{\text{pes aigua}}{\gamma_\omega} = \frac{w \cdot \text{pes sòlid}}{100 \cdot \gamma_\omega}$$

$$\gamma_d = \frac{\text{pes sòlid}}{\text{vol. total}} \Rightarrow \text{pes sòlid} = \gamma_d \cdot \text{vol. total}$$

$$\text{vol. aigua} = \frac{w \cdot \gamma_d \cdot \text{vol. total}}{100 \cdot \gamma_w}$$

$$n = \frac{\text{vol. porus}}{\text{vol. total}} \Rightarrow \text{vol. porus} = n \cdot \text{vol. total}$$

$$G = \frac{\text{volum aigua}}{\text{volum porus}} \cdot 100 = \frac{w \cdot \gamma_d \cdot \text{volum total}}{100 \cdot \gamma_\omega \cdot n \cdot \text{volum total}} \cdot 100 = \frac{w \cdot \gamma_d}{\gamma_\omega \cdot n}$$

Exemple: $w = 8\,\%$; $\gamma_d = 17{,}6\ \text{kN/m}^3$; $n = 0{,}34$;

$$G = \frac{8 \cdot 17{,}6}{10 \cdot 0{,}34} = 41{,}41\,\%$$

La densitat submergida γ'. Quan el sòl està submergit (sota el nivell freàtic), tots els porus estan plens d'aigua i, a més, cal descomptar del pes propi el pes de l'aigua que ocuparia el seu lloc (que és l'empenta d'Arquimedes, la que actua cap amunt sobre un objecte submergit).

Per tant, $\gamma' = \gamma_{\text{sat}} - \gamma_\omega$.

γ_{sat} és la densitat del sòl saturat sobre el nivell freàtic perquè no actua l'empenta d'Arquimedes (no flota).

γ' és la densitat del sòl a sota del nivell freàtic, perquè està saturat i actua l'empenta d'Arquimedes (flota).

Exemple: $100 \, \text{cm}^3$ de fusta (densitat $600 \, \text{kp/m}^3$ floten sobre l'aigua (densitat $1.000 \, \text{kp/m}^3$). Quina part del volum emergeix?

El tac de fusta pesa: $100 \, \text{cm}^3 \cdot 0,6 \, \text{g/cm}^3 = 60 \, \text{g}$.

Per poder flotar, la part submergida del tac ha de desplaçar 60 g d'aigua, és a dir, $60 \, \text{cm}^3$.

Per tant, el volum que emergeix és $100 - 60 = 40 \, \text{cm}^3$.

Observació: Com que la densitat submergida és inferior a la saturada, quan el sòl s'inunda pesa menys. Això vol dir que si el nivell freàtic baixa, augmenta la densitat del sòl, que passa de submergida a saturada: $\gamma_{\text{sat}} = \gamma' + \gamma_\omega$. Per tant, rebaixar el nivell freàtic activa la consolidació. Compte amb el bombament d'aigua freàtica entre mitgeres!

Índex de densitat I_D. L'*índex de densitat* dels sòls granulars defineix la proporció d'índex de porus que falta per arribar a l'índex de porus màxim (o sigui, a la densitat mínima).

$$I_D = \frac{e_{\text{màx}} - e}{e_{\text{màx}} - e_{\text{mín}}}; \quad e = \frac{\text{volum (aire + aigua)}}{\text{volum del sòlid}}$$

A la taula 27 s'indica la relació que hi ha entre l'índex o proporció de porus e, l'índex de densitat i la densitat. La densitat és mínima quan l'índex de densitat és mínim $I_D = 0$ i l'índex de porus és màxim ($e_{\text{màx}}$). En canvi, la densitat és màxima quan l'índex de densitat és màxim ($I_D = 1$) i l'índex de porus és mínim ($e_{\text{mín}}$).

Taula 27
Relació entre índex de porus, índex de densitat i densitat.

e	I_D	densitat
$e_{\text{màx}}$	0	mínima
$e_{\text{mín}}$	1	màxima

Densitat relativa $C_r = 100 \cdot I_D$ és característica de les sorres (taula 28). Les sorres més denses $65 \leq C_r \leq 100$ aguanten més i tenen més fricció $\varphi = 45°$. Les sorres menys denses $15 \leq C_r \leq 35$ aguanten menys i tenen menys fricció: $26° \leq \varphi \leq 32°$.

C_r	Estat de la sorra
0 a 15	Molt fluixa o molt poc densa
15 a 35	Fluixa o poc densa
35 a 65	Mitjanament densa
65 a 85	Densa
85 a 100	Molt densa

Taula 28
Densitat relativa i estat de la sorra.

L'índex de consistència en estat plàstic dels sòls coherents I_c mesura quan falta per arribar a w_l comparant w, w_l i w_p: $I_c = (w_l - w)/I_p$. La taula 29 presenta la relació que hi ha entre la humitat, l'índex de consistència i la qualificació de la consistència dels sòls coherents. Si la humitat w és igual al límit líquid w_l, l'índex de consistència és nul i la consistència líquida. Si la humitat w és igual al límit plàstic w_p, l'índex de consistència és 1 i el sòl es considera consistent semisòlid. Si la humitat w és inferior al límit plàstic w_p, l'índex de consistència és superior a la unitat i el sòl es considera molt consistent.

w	I_c	Qualificació
w_l	0	fluida (líquida)
	$0 < I_c \leq 0,5$	pastosa
	$0,5 < I_c \leq 0,75$	tova
	$0,75 < I_c < 1$	ferma
w_p	1	consistent (semisòlida)
$< w_p$	> 1	molt consistent

Taula 29
Qualificació de la consistència a partir de l'índex de consistència.

1.3.8. Promptuari de relacions entre valors del sòl

Calcular l'índex de porus e a partir de la compacitat σ:

$$e = \frac{1 - \sigma}{\sigma}$$

Com que $n = 1 - \sigma$, en l'expressió de l'índex de porus e es substitueix la porositat $\boldsymbol{n}$ en funció de la compacitat σ:

$$e = \frac{n}{1-n} = \frac{1-\sigma}{1-(1-\sigma)} = \frac{1-\sigma}{\sigma}$$

Calcular la compacitat σ a partir de l'índex de porus e:

$$\sigma = \frac{1}{1+e}$$

En l'expressió de la compacitat σ es substitueix la porositat n en funció de l'índex de porus e:

$$\sigma = 1 - n = 1 - \frac{e}{1+e} = \frac{1+e}{1+e} - \frac{e}{1+e} = \frac{1}{1+e}$$

Comprovar que la compacitat σ i la porositat n sumen 1

$$\sigma + n = \frac{1}{1+e} + \frac{e}{1+e} = \frac{1+e}{1+e} = 1$$

Relacionar la densitat seca γ_d amb la densitat de les partícules γ_s i la porositat n:

$$\gamma_d = \gamma_s \cdot (1-n)$$

$$\gamma_s = \frac{\text{pes del sòlid}}{\text{volum del sòlid}}; \quad n = \frac{\text{volum (aire + aigua)}}{\text{volum total}}; \quad \gamma_d = \frac{\text{pes del sòlid}}{\text{volum total}};$$

$$\gamma_d = \gamma_s \cdot \left(1 - \frac{\text{vol.(aire + aigua)}}{\text{vol. total}}\right) = \gamma_s \cdot (1-n) \Rightarrow \gamma_d = \gamma_s \cdot (1-n)$$

$$\gamma_d = \frac{\text{pes sòlid}}{\text{vol. sòlid}} \cdot \frac{\text{vol. sòlid}}{\text{vol. total}} = \gamma_s \cdot \frac{\text{vol. total} - \text{vol. (aire + aigua)}}{\text{vol. total}}$$

Relacionar la densitat seca γ_d amb la densitat aparent γ i la humitat w:

$$\gamma = \frac{\text{pes sòlid}}{\text{vol. total}} + \frac{\text{pes aigua}}{\text{vol. total}} = \gamma_d + \frac{\text{pes aigua}}{\text{vol. total}} \cdot \frac{\text{pes sòlid}}{\text{pes sòlid}} \cdot \frac{100}{100}$$

$$w = \frac{\text{pes de l'aigua}}{\text{pes sòlid}} \cdot 100; \quad \gamma_d = \frac{\text{pes del sòlid}}{\text{volum total}}; \quad \gamma = \frac{\text{pes total}}{\text{volum total}};$$

$$\gamma = \gamma_d \cdot \left(1 + \frac{w}{100}\right);$$

$$\gamma = \gamma_d + \gamma_d \cdot \frac{w}{100} = \gamma_d \cdot \left(1 + \frac{w}{100}\right) \Rightarrow \gamma = \gamma_d \cdot \left(1 + \frac{w}{100}\right)$$

Relacionar la humitat w amb la densitat aparent γ i la densitat seca γ_d

$$w = \frac{\text{pes de l'aigua}}{\text{pes sòlid}} \cdot 100; \quad \gamma = \frac{\text{pes total}}{\text{volum total}}; \quad \gamma_d = \frac{\text{pes del sòlid}}{\text{volum total}}; \quad w = \frac{\gamma - \gamma_d}{\gamma_d};$$

$$w = \frac{\text{pes aigua} + \text{pes sòlid} - \text{pes sòlid}}{\text{pes sòlid}} \cdot 100 =$$

$$= \left(\frac{\text{pes aigua} + \text{pes sòlid}}{\text{pes sòlid}} - \frac{\text{pes sòlid}}{\text{pes sòlid}}\right) \cdot 100 = \left(\frac{\text{pes total}}{\text{pes sòlid}} - 1\right) \cdot 100 =$$

$$= \left(\frac{\text{pes total}}{\text{pes sòlid}} \cdot \frac{\text{vol. total}}{\text{vol. total}} - 1\right) \cdot 100 = \left(\frac{\gamma}{\gamma_d} - 1\right) \cdot 100 \Rightarrow w = \frac{\gamma - \gamma_d}{\gamma_d} \cdot 100$$

Un procediment general per deduir la relació entre variables del sòl consisteix en el següent:

1. Fixar-se bé en les definicions de les variables que es volen relacionar.

2. Manipular la definició de la incògnita perquè quedi en funció de les dades conegudes.

Relacionar l'índex de porus e amb la densitat de les partícules γ_s i la densitat seca γ_d:

$$e = \frac{\gamma_s - \gamma_d}{\gamma_d}; \quad e = \frac{\text{vol. porus}}{\text{vol. sòlid}}; \quad \gamma_s = \frac{\text{pes sòlid}}{\text{vol. sòlid}}; \quad \gamma_d = \frac{\text{pes sòlid}}{\text{vol. total}}$$

Deducció: a les expressions de γ_s i de γ_d apareixen el pes del sòlid, el volum del sòlid i el volum total. Caldrà expressar e en funció d'aquests valors:

$$e = \frac{\text{vol. porus}}{\text{vol. sòlid}} = \frac{\text{vol. total} - \text{vol. sòlid}}{\text{vol. sòlid}} = \frac{\dfrac{\text{pes sòlid}}{\gamma_d} - \dfrac{\text{pes sòlid}}{\gamma_s}}{\dfrac{\text{pes sòlid}}{\gamma_s}} =$$

$$= \frac{\dfrac{1}{\gamma_d} - \dfrac{1}{\gamma_s}}{\dfrac{1}{\gamma_s}} = \frac{\dfrac{\gamma_s - \gamma_d}{\gamma_d \cdot \gamma_s}}{\dfrac{1}{\gamma_s}} = \frac{\gamma_s - \gamma_d}{\gamma_d} \Rightarrow e = \frac{\gamma_s - \gamma_d}{\gamma_d}$$

Relacionar la densitat saturada γ_{sat} amb la densitat seca γ_d i la porositat n: $\gamma_{\text{sat}} = \gamma_d + n \cdot \gamma_w$

$$\gamma_d = \frac{\text{pes del sòlid}}{\text{volum total}}; \quad \gamma_{\text{sat}} = \frac{\text{pes del sòlid} + \text{pes de l'aigua}}{\text{volum total}}; \quad n = \frac{\text{volum (aire} + \text{aigua)}}{\text{volum total}}$$

$$\gamma_{\text{sat}} = \frac{\text{pes sòlid}}{\text{vol. total}} + \frac{\text{pes aigua}}{\text{vol. total}} = \gamma_d + \frac{\text{vol. aigua} \cdot \gamma_w}{\text{vol. total}} = \gamma_d + n \cdot \gamma_w$$

Observació: γ_w és la densitat de l'aigua $= 10^{-3}$ kp/cm$^3 = 1$ kp/l $= 10$ kN/m^3

$$1\frac{\text{kp}}{\text{l}} \cdot \frac{\text{l}}{\text{dm}^3} = 1\frac{\text{kp}}{\text{dm}^3} \cdot \frac{\text{dm}^3}{1.000\,\text{cm}^3} = 10^{-3}\frac{\text{kp}}{\text{cm}^3} \cdot \frac{1\,\text{kN}}{100\,\text{kp}} \cdot \frac{10^6\,\text{cm}^3}{\text{m}^3} = 10\frac{\text{kN}}{\text{m}^3}$$

1.3.9. Valors mecànics del sòl

Angle de fricció φ: és l'angle de fricció entre partícules del sòl. El mesuren els assaigs de tall directe i triaxial.

Cohesió c: és l'atracció entre las partícules. La mesuren l'escissòmetre (molinet o *vane test*), l'assaig de tall directe i el de compressió triaxial.

Mòdul de deformació E: relaciona la tensió amb la deformació. Varia amb l'interval de pressions, ja que la relació tensió-deformació no és lineal. El mesuren l'assaig de càrrega amb placa i el pressiòmetre.

Resistència a la compressió simple σ: és la resistència a la càrrega vertical sense confinament lateral. El mesuren els assaigs de compressió simple i el de compressió triaxial.

1.4. Els sòls de Catalunya i de Barcelona

1.4.1. Els sòls de Catalunya

Història

Les figures 59 a 65, de l'*Atles geològic de Catalunya*, resumeixen molt la història geològica de Catalunya. L'antiguitat de la Terra és d'uns $4.500 \cdot 10^6$ d'anys. En fa $280 \cdot 10^6$ (Permià) hi havia un sòl continent, Pangea (tota la Terra), i un oceà global, Pantalassa (totes les mars, figura 59). Fa $220 \cdot 10^6$ d'anys (Triàsic) el continent únic Pangea es comença a fragmentar (figura 60). Al llarg del Juràssic (del $200 \cdot 10^6$ al $145 \cdot 10^6$), la placa ibèrica se separa i l'oceà de Tetis es connecta amb el jove Atlàntic, que divideix les plaques nord-americana i europea de la sud-americana i africana (figura 61). Al final d'aquest període la placa ibèrica es manté en bona part submergida sota una mar poc profunda (figura 62), però al cap de $80 \cdot 10^6$ d'anys emergeix gairebé tota incloent-hi Còrsega, Sardenya i les illes Balears i s'inicia la col·lisió amb la placa europea amb l'aixecament dels Pirineus (figura 63), que acaben aïllant la conca de l'Ebre (figura 64). Fa uns $20 \cdot 10^6$ d'anys la col·lisió acaba i l'extrem oriental de la placa ibèrica es fragmenta i forma Còrsega, Sardenya i les illes Balears, que deriven cap a l'Est. Les fosses recentment formades a la cadena costera queden connectades al mar (figura 65). El resultat final (per ara) està representat a la figura 66. S'hi observen 3 elements principals:

Fig. 59
Pangea, el continent únic, ara fa $280 \cdot 10^6$ anys aproximadament. Ib indica la posició de la futura placa ibèrica.

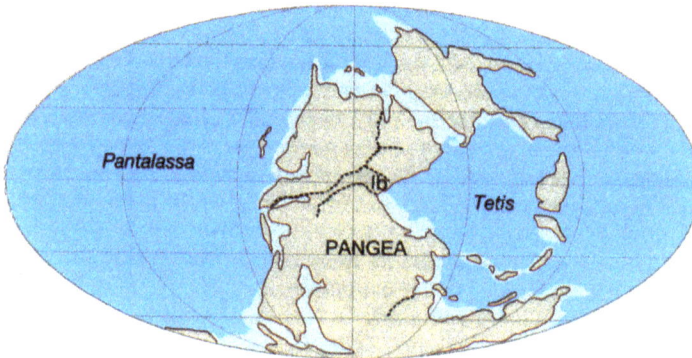

Fig. 60
El continent únic es fragmenta (fa $220 \cdot 10^6$ anys). Cal observar la posició de la futura placa ibèrica entre les plaques europea, americana i africana.

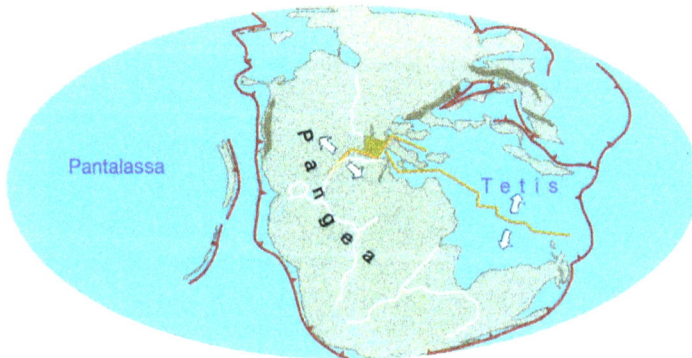

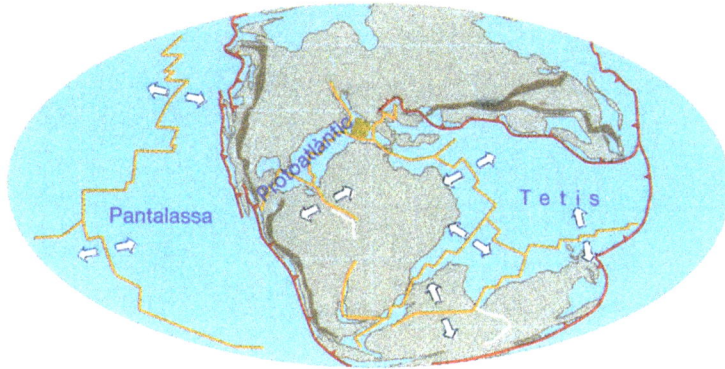

Fig. 61
Del 200·10⁶ al 145·10⁶ la placa ibèrica se separa.

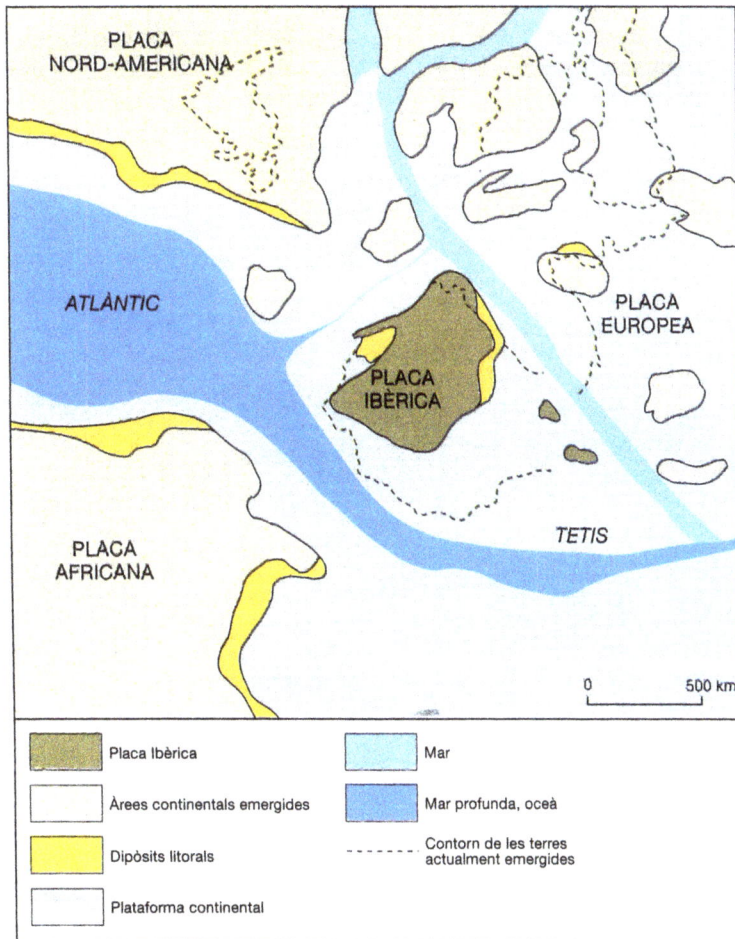

Fig. 62
La placa ibèrica fa 145·10⁶ anys.

▨ Placa Ibèrica	▨ Mar
▢ Àrees continentals emergides	▨ Mar profunda, oceà
▨ Dipòsits litorals	---- Contorn de les terres actualment emergides
▢ Plataforma continental	

Fig. 63
Fa 65·10⁶ anys la placa ibèrica col·lideix amb l'europea.

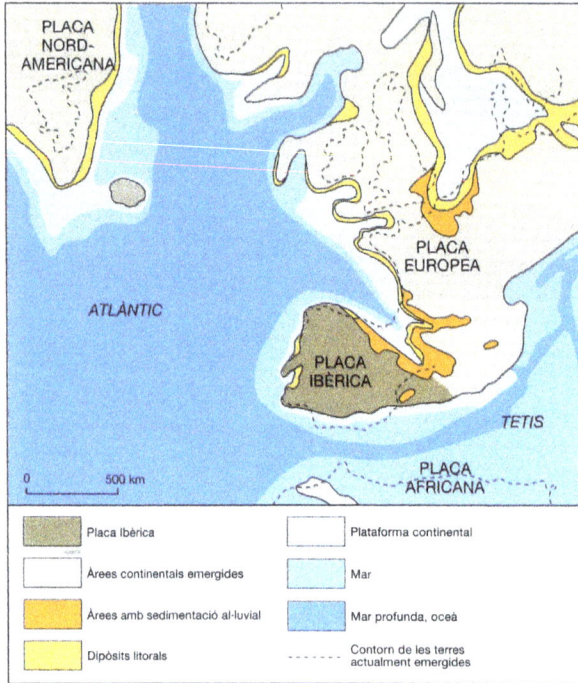

Fig. 64
Fa 37·10⁶ anys els Pirineus continuen formant-se, fan recular les aigües de l'oceà Atlàntic i la conca de l'Ebre queda aïllada i s'anirà dessecant.

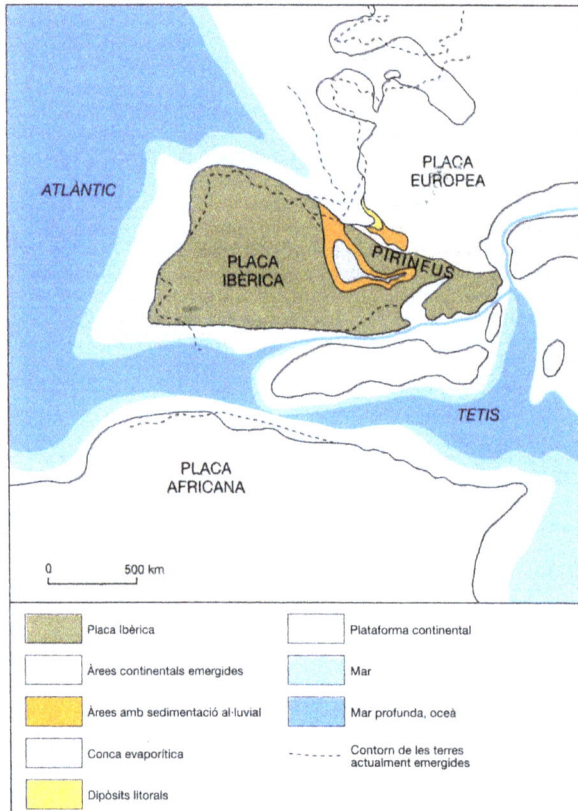

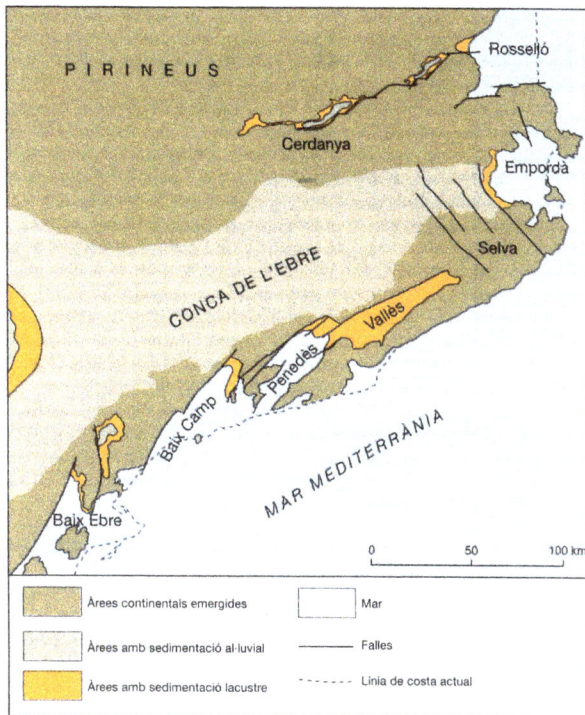

Fig. 65
Catalunya als finals del
Miocè, fa 20·10⁶ anys.

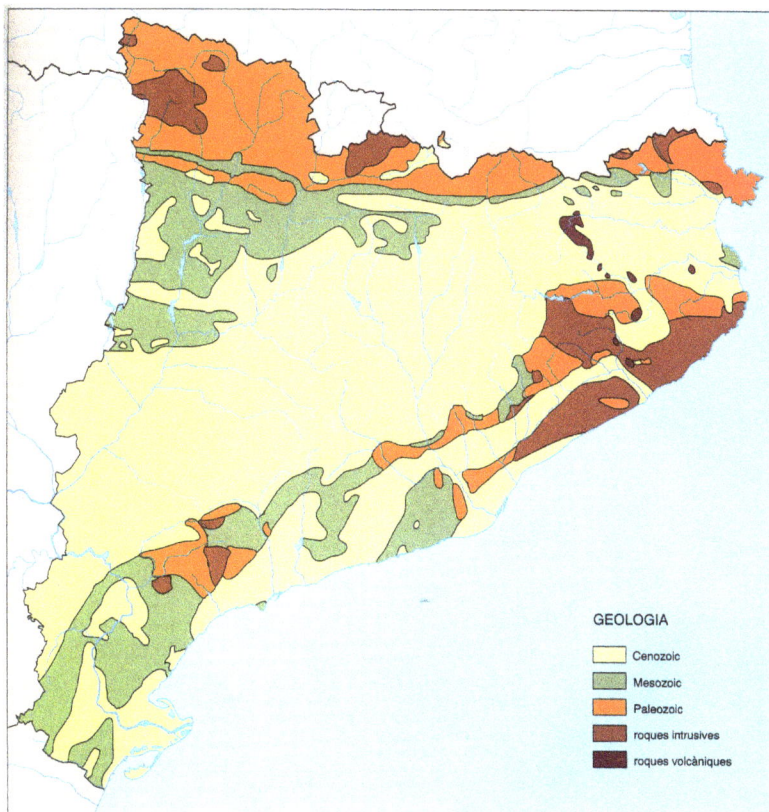

Fig. 66
Configuració geològica
actual de Catalunya
(J. Matas, 1992).

1. Els Pirineus: el Pirineu axial del Paleozoic o Primari ($>250 \cdot 10^6$ anys), metamòrfics de gnessos , pissarres, esquists, marbres i roques granítiques que sorgiren a l'exterior, i els Prepirineus Mesozoics o secundaris (de $65 \cdot 10^6$ a $250 \cdot 10^6$ anys) i primera meitat del Cenozoic, de roques calcàries dures i compactes que formen el relleu abrupte i esquerp.

2. El sistema mediterrani, de serralades costaneres: serralada litoral ran de la costa, depressió prelitoral, corredor entre serralades i serralada prelitoral més interior, llarga i elevada.

3. La depressió central, de relleu desigual i rocam divers. Va ser un golf i posteriorment un llac.

1.4.2. Els sòls de Barcelona (figures 67 i 68)

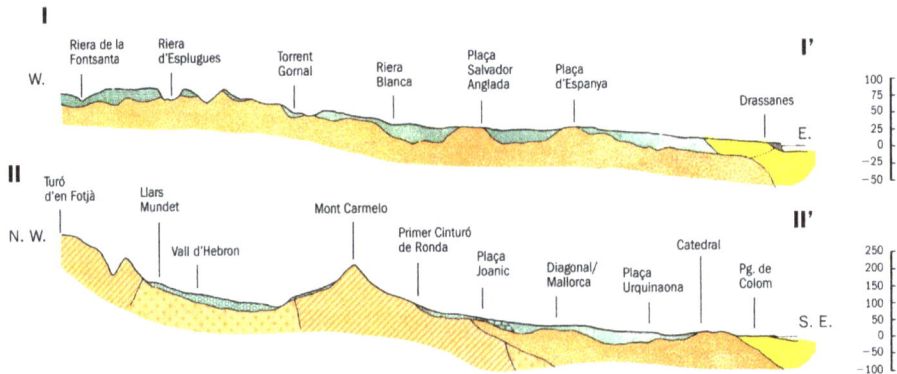

Fig. 67
Mapa geotècnic de Barcelona (A. Ventayol et al.,1978). Es distingeixen tres unitats: els substrats paleozoic i terciari (Collserola, Tres Turons, Montjuïc, Mont Tàber. Plaça d'Espanya, Hostafrancs i Torrenteres d'Esplugues, l'Hospitalet i Cornellà), el Quaternari antic del pla de Barcelona (que ocupa gran part de l'Eixample i estribacions) i el Quaternari recent dels deltes del Llobregat i del Besòs.

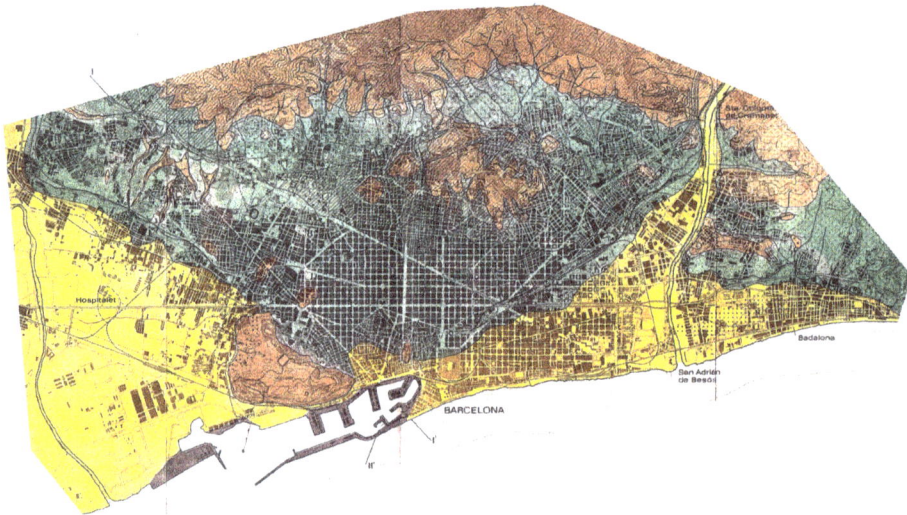

Fig. 68
Seccions geotècniques de Barcelona (A. Ventayol et al.,1978).

1. Sòcol paleozoic (de -570 a $-230 \cdot 10^6$ anys): pissarres, granits i calcàries: Collserola, Monteroles, Putxet, Carmel.

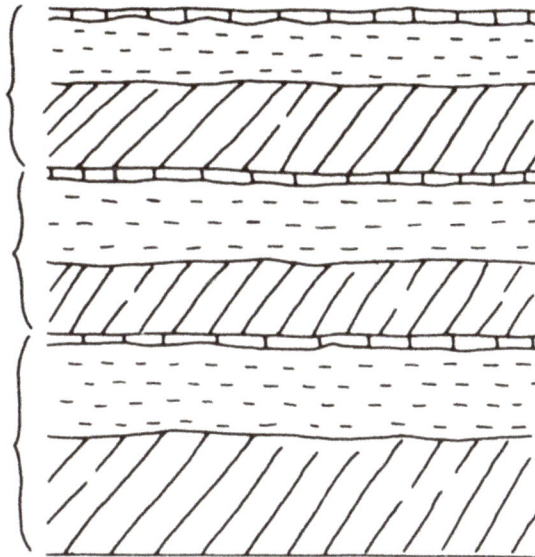

Fig. 69
Sèrie ideal completa del "tricicle". De dalt a baix: 3 × ("tortora" roca calcària d'exsudació (és un travertí) que correspon a èpoques molt seques + llims groguencs diposidats possiblement pel vent des del delta del Llobregat en èpoques seques, fredes i ventoses + argiles vermelles que es creu que es van formar en èpoques càlides i humides). A. Ventayol et al.,1978.

Fig. 70
El tricicle a l'ampliació de la biblioteca de l'ETSAB. Cal observar la carpeta de "tortora" (de color blanc) amb l'argila a sobre i els llims a sota.

2. Terciari (Miocè i Pliocè de $-22,5$ a $-1,8 \cdot 10^6$): conglomerats, argiles, calcàries, sorres, margues: Montjuïc, Mont Taber.

3. Quaternari antic (des de $-1,8 \cdot 10^6$): tricicle format per argiles vermelles, llims marrons groguencs i crostes calcàries (tortora). Es recolza sobre un substrat i augmenta de gruix des de la muntanya cap al centre de la ciutat variant entre 18 m i 25 m, encara que en alguns punts pot arribar als 50. S'anomena *tricicle* perquè és una successió d'argiles, llims i crosta calcària que es repeteix tres vegades (figures 69 i 70). Aquesta seqüència s'altera sovint per la presència de materials detrítics, carbonatació, la proximitat de rieres o per erosió (figures 71 i 72).

4. Quaternari modern dels deltes del Besòs i del Llobregat de sediments. El del delta del Llobregat reposa sobre un substrat terciari i té un gruix d'uns 100 m, que

Fig. 71
Quaternari de Barcelona.
Cal observar la xemeneia
carbonatada.

Fig. 72
Contacte argila-llim.

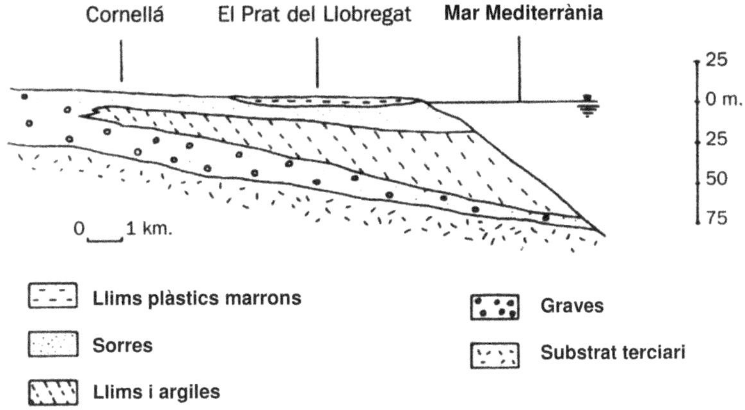

Fig. 73
Esquema geològic del
delta del riu Llobregat
(A. Ventayol et al.,1978).

disminueix cap als marges del delta (figura 73). L'alternança litològica de dalt a baix és la següent:

- De 3 m a 10 m de llims plàstics marrons.
- Sorres fines o gruixudes amb gravetes. Ocasionalment carbonatades.
- Llims i argiles entremitjos. S'aprimen aigües amunt.
- Sorres gruixudes i graves sobre el substrat rocós.
- Reblerts artificials.

5. Alteracions i incidències: rieres, mines, pous, clavegueres, refugis, ruïnes, fonaments antics i abocadors (figures 74 a 77).

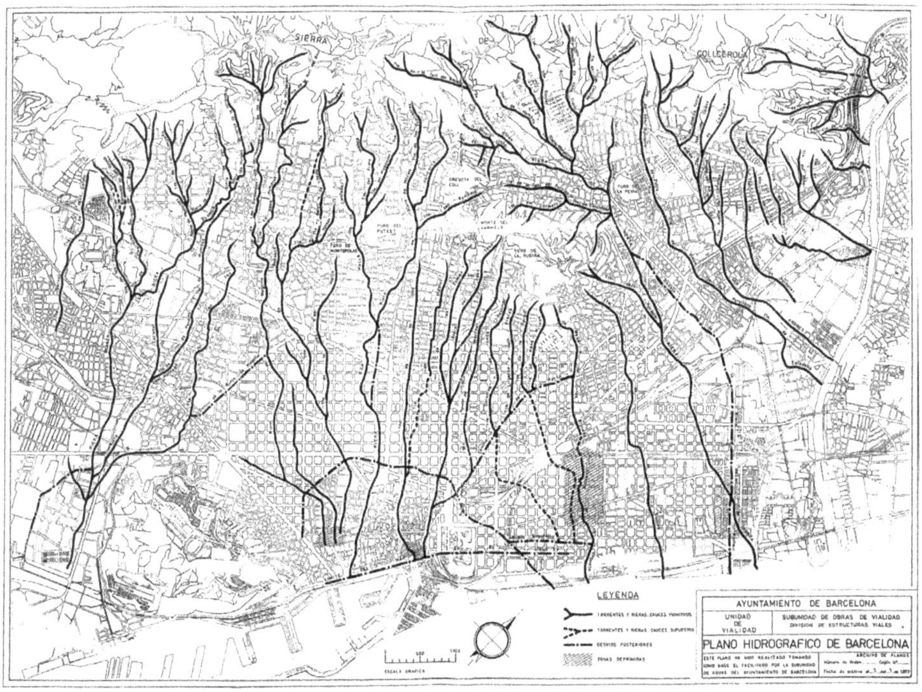

Fig. 74
Les rieres de Barcelona
(J. Clascà i J. Vidal, 1972).

Fig. 75
Quaternari de Barcelona.
Cal observar la bossa de
llims en una matriu d'argiles
i graves, que indiquen la
proximitat d'una riera.

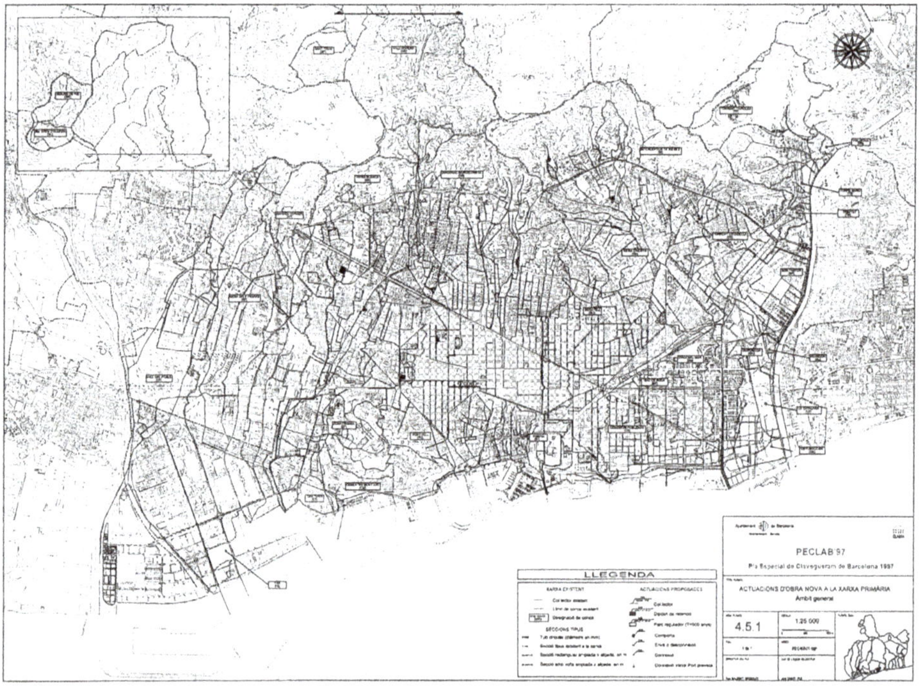

Fig. 76
Xarxa de clavegueram de
Barcelona (CLABSA, 1998).

Fig. 77
Una sitja "oblidada" al carrer
Consell de Cent, Barcelona.

→ 2

Obtenció de valors del sòl

2.1. Assaigs a l'obra

Els assaigs a l'obra s'executen directament sobre el terreny sense necessitat de treure, manipular ni transportar mostres. Són:

1. penetròmetres

dinàmic	corba penetromètrica dinàmica
estàtic	corba penetromètrica estàtica
de butxaca	valor de la pressió admissible

2. en sondatge

SPT	N_{30} (nombre de cops)
molinet o escissòmetre (*vane test*)	moment torçor de tall $\rightarrow$ cohesió
pressiòmetre	corba pressiomètrica $\rightarrow P_l$ y E_p
down-hole i *cross-hole*	velocitat de propagació
assaig Lefranc	permeabilitat
assaig Lugeon	permeabilitat

3. en superfície o pou

assaig de càrrega amb placa	corba pressió-assentament

4. en pou

assaig de bombament	permeabilitat

Són d'informació contínua quan proporcionen informació des que comencen fins que acaben: penetròmetre estàtic i penetròmetre dinàmic.

Són d'informació discontínua quan només proporcionen informació a una profunditat determinada: SPT, molinet, pressiòmetre, *down-hole*, *cross-hole*, Lefranc, Lugeon, placa, bombament i penetròmetres de butxaca.

2.1.1. El penetròmetre estàtic

L'assaig penetromètric estàtic consisteix a clavar una barra a pressió (figures 78 a 80 i taula 30).

El **resultat** del penetròmetre estàtic és la **corba** penetromètrica (figura 81). La resistència que s'indica no és l'admissible, és la resistència a la penetració estàtica. Aquesta corba es llegeix per l'envolupant de mínims, perquè les puntes són durícies locals que no representen el comportament del conjunt.

Fig. 78
El penetròmetre estàtic
(F. Maña, 1975).

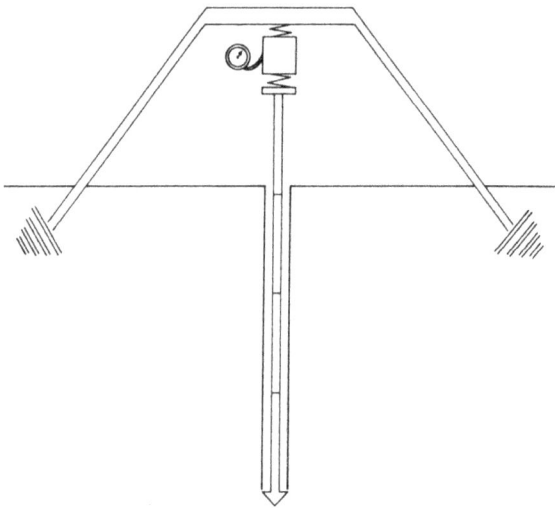

Fig. 79
La punta del
penetròmetre estàtic.

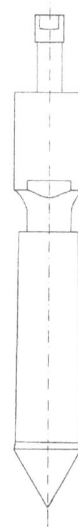

Taula 30
El penetròmetre estàtic.

Tipus de penetròmetre	Funcionament	Tipus	Sòls adequats	Sòls inadequats
Estàtic	Mesura la resistència a la penetració a pressió d'una punta i una camisa	CPTE CPTU UNE 103804 : 1993	Argiles i llims molt tous. Sorres fines de soltes a denses sense graves	Roques, còdols, graves, sòls cementats. Argiles molt dures. Sorres molt compactes. Sòls molt preconsolidats i/o cementats.

A partir del resultat del penetròmetre estàtic es pot obtenir la pressió admissible per a fonaments superficials amb deformació restringida a 2,54 cm (Terzaghi):

$$B \leq 1{,}3 \text{ m} \ \rightarrow \ \sigma_a = \frac{R_p}{30}; \quad B > 1{,}3 \text{ m} \ \rightarrow \ \sigma_a = \frac{R_p}{40}$$

amb B: amplada del fonament en m;

        σ_a: pressió admissible en les mateixes unitats que Rp;

        R_p: resistència a la penetració estàtica.

Fig. 80
Penetròmetre estàtic acoblat
a camió de geotècnia.

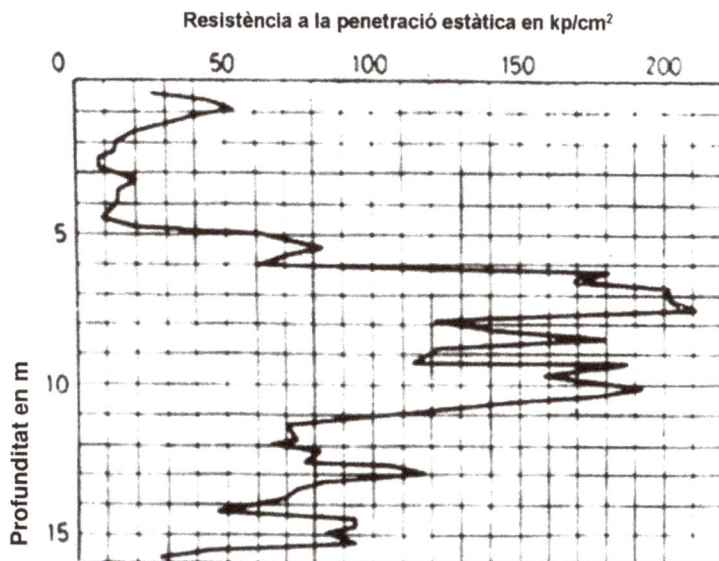

Resistència a la penetració estàtica en kp/cm²

Fig. 81
Corba penetromètrica
estàtica.

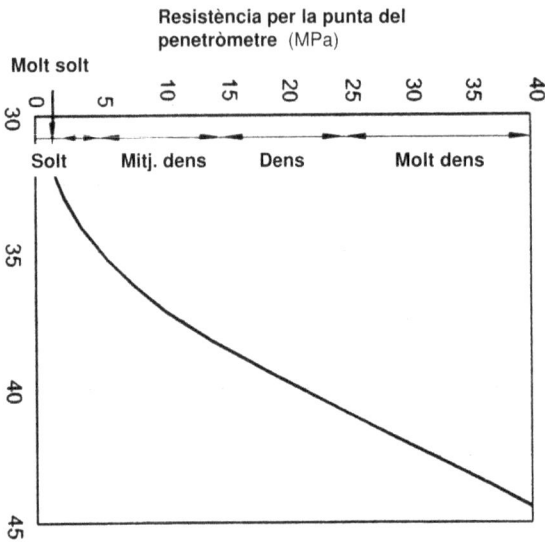

Fig. 82
Correlació entre l'estàtic, la qualificació de la compacitat i l'angle de fricció en sòls granulars (CTE DB SE-C).

També es pot qualificar la compacitat del terreny (taula 31 i figura 82) i es poden estimar l'angle de fricció i la densitat seca (taula 32 i figura 82).

Taula 31
Qualificació de la compacitat a partir del penetròmetre estàtic.

Resistència per punta (kp/cm²)	Compacitat del terreny
< 20	Molt solt
de 20 a 40	Solt
de 40 a 120	Compacte
de 120 a 200	Dens
> 200	Molt dens

Taula 32
Estimació de l'angle de fricció i de la densitat de les sorres a partir del penetròmetre estàtic.

Sorres seques			Sorres submergides		
R_p	φ	γ	R_p	φ	γ
16	29°	1,35	16	27°	1,85
26	31°30′	1,42	26	29°30′	1,9
38	34°30′	1,5	38	32°30′	1,94
88	38°	1,59	88	36°	2
160	42°30′	1,7	160	40°30′	2,06
248	48°	1,8	248	46°	2,14

2.1.2. El penetròmetre dinàmic

Antecedents històrics: "Con esta orden y mandato puso Nuestro Padre el Sol estos dos hijos suyos en la laguna Titicaca, que está a ochenta leguas de aquí y les dijo que fuesen por do quisiesen, doquiera que parasen a comer o dormir, procurasen **hincar en el suelo una barrilla de oro de media vara en largo y dos dedos en grueso** que les dio para señal y muestras que donde aquella barra se les hundiese con un solo golpe que con ella

Fig. 83
L'emplaçament de l'imperi inca es va determinar amb un penetròmetre dinàmic, que és la barra que porta l'inca a la mà esquerra.

diesen en tierra, allí quería el Sol Nuestro Padre que parasen y hiciesen su asiento y corte." (figura 83 i "La fundación del Cozco, ciudad imperial" a *Comentarios reales* de l'inca Garcilaso de la Vega).

L'assaig penetromètric dinàmic consisteix a clavar una barra a cops comptant quants en són necessaris per avançar cada 20 cm (figures 84 a 88 i taula 33).

Fig. 84
El penetròmetre dinàmic.

Fig. 85
Penetròmetre dinàmic: detall de la maça i l'enclusa.

Fig. 86
86 Penetròmetre dinàmic acoblat a camió de geotècnia.

Fig. 87
Detall del penetròmetre dinàmic durant l'assaig. Es veuen les línies a 20 cm per anar comptant el nombre de cops.

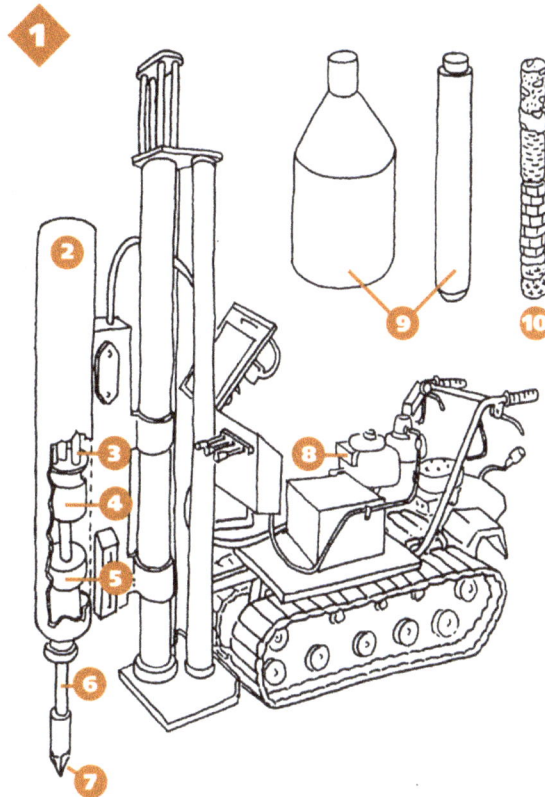

Fig. 88
88 Terminologia del penetròmetre dinàmic: 1. Penetròmetre; 2. Carcassa; 3. Guia; 4. Maça; 5. Enclusa; 6. Tija; 7. Punta; 8. Motor; 9. Mostrejadors; 10. Testimoni (Diccionari Visual de la Construcció, Departament de Política Territorial i Obres Públiques, Generalitat de Catalunya, 2003).

Taula 33
El penetròmetre dinàmic.

Tipus de penetròmetre	Funcionament	Tipus	Sòls adequats	Sòls inadequats
Dinàmic	Mesura la resistència al clavament	DPH (UNE 103802 : 1998)	Sorres de soltes a mitges . Llims sorrencs de fluixos a mitjos .	Roques, còdols, crostes, sòls molt cementats
		BORRO		Conglomerats
		DPSH (UNE 103801: 1994)	Sorres de mitjanes a molt compactes. Argiles preconsolidades sobre el N.F. Graves argiloses i sorrenques	Roques, còdols, conglomerats

El **resultat** del penetròmetre dinàmic també és una **corba** (figura 89), que indica l'estratificació. Les puntes són durícies locals i cal llegir la corba per l'envolupant de mínims. A més, cal tenir en compte que el rebuig (es produeix quan es cansen de picar, als 100 o més cops) no té perquè ser roca necessàriament.

A partir del resultat del penetròmetre dinàmic es pot estimar la resistència dinàmica del terreny

$$R_d = \frac{M^2 \cdot H}{e \cdot A \cdot (M + 6,5 \cdot L)}$$

R_d: resistència dinàmica del sòl a la penetració dinàmica.

M: pes de la maça.

H: alçada de caiguda.

A: secció de la punta.

L: longitud de la tija. **e**: penetració per cop: 20/N.

N: nombre de cops per clavar 20 cm. Per obtenir la càrrega admissible del sòl s'aplica a R_d un coeficient de seguretat que oscil·la entre 6 i 12.

Fig. 89
Corba penetromètrica dinàmica. S'observen tres estrats: el primer, fins a -3 m de 30 cops; el segon, d'1 m de gruix de 60 cops, i el tercer, de –4 m a –8 m empitjora considerablement fins a 10 cops. Després, l'assaig se'n va a 90 cops als –8,60 m. No se sap si responen a un estrat molt resistent o una duricia local.

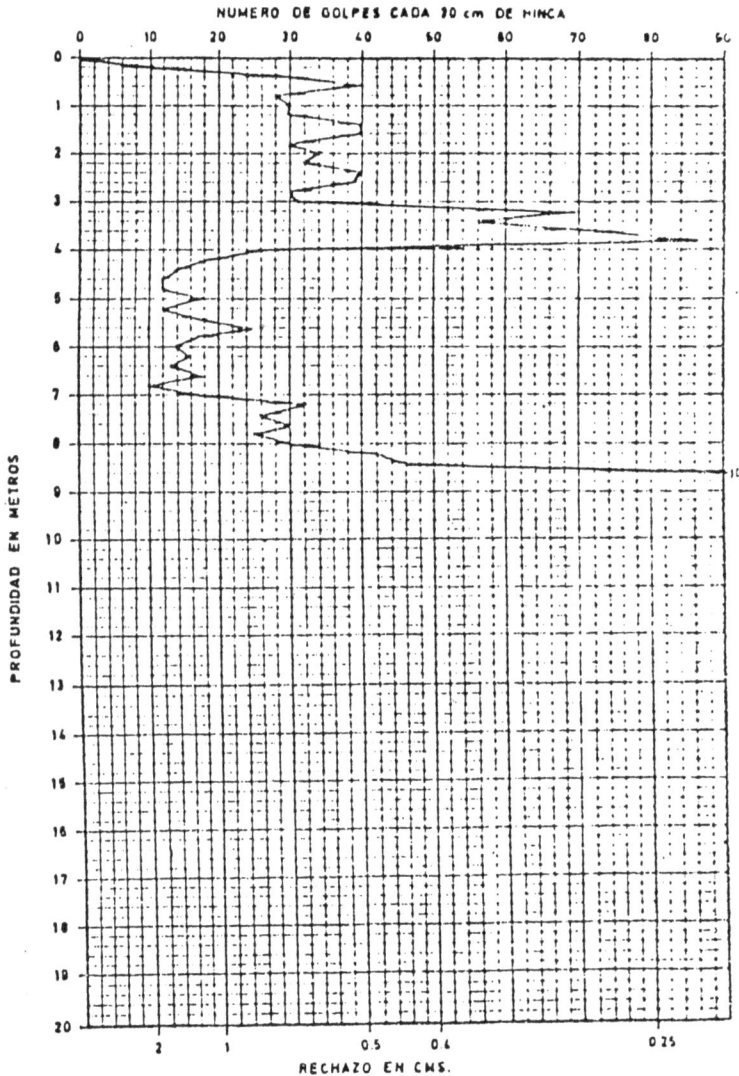

A la figura 90 es veu com es fa l'assaig i a la 91 la mínima expressió del penetròmetre dinàmic normalitzat que entra per les portes i es pot fer des de l'interior de l'edifici.

Fig. 90
Realització del
penetròmetre dinàmic.

Fig. 91
La mínima expressió de
penetròmetre dinàmic
normalitzat. Passa
per les portes. Es pot
utilitzar en interiors.

2.1.3. El penetròmetre de butxaca (figures 92 i 93)

Es pot utilitzar en les parets de les cales. No proporciona valors de projecte. Serveix per a comprovacions i predimensionaments.

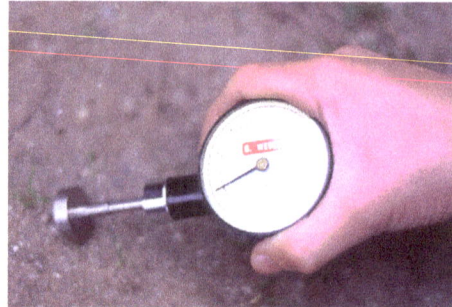

2.1.4. L'SPT

L'SPT (*Standard Penetration Test*) és un assaig que requereix sondatge o cala i és d'informació discontínua perquè proporciona un valor a una profunditat determinada (figura 94 i taula 34).

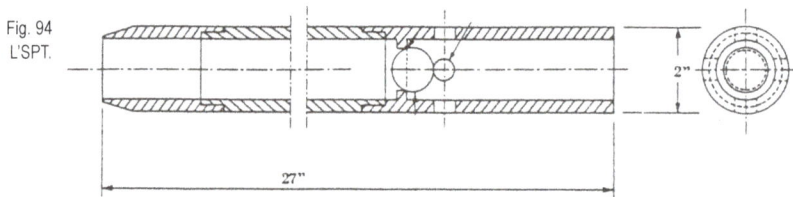

Fig. 94
L'SPT.

Taula 34
El *Standard
Penetration Test.*

Tipus	Descripció	Per determinar
Assaig de penetració stàndard (SPT) **UNE 103800 : 1992**	Nombre de cops per clavar 30 cm	Compacitat de sòls granulars. Densitat relativa. Angle de fricció interna en sòls granulars Resistència de les argiles preconsolidades per sobre del N.F.

És un tub de 60 cm i $\varnothing = 50,8$ mm que està partit per la meitat. Es clava a cops des de 75 cm d'alçada amb una maça que pesa 63,6 kp, comptant 4 vegades el nombre de cops, és a dir, cada 15 cm (figures 95 a 98). El nombre de cops N_1 necessaris per clavar els primers 15 cm i el nombre de cops N_4 per clavar els últims 15 cm s'apunten però no es compten. (N_1 es compta però no es considera perquè penetra en sòl alterat pel sondatge o cala. N_4 es compta però no es considera perquè és una andanada de seguretat, per tal de comprovar que no s'acosta una discontinuïtat). El resultat de l'assaig N_{SPT} és el nombre de cops necessaris per clavar els segons més els tercers 15 cm, o sigui, $N_2 + N_3$ (figures 99 i 100).

Un cop fet l'assaig, es retira el tub i s'obre desenroscant la punta per observar la mostra (alterada) que ha quedar retinguda a l'interior (figures 101 a 106).

Fig. 95
Marcant les andanades.

Fig. 96
Les marques a 15 cm.

Fig. 97
La maça de l'SPT aixecada.

Fig. 98
La maça de l'SPT impacta
sobre l'enclusa.

Fig. 99
Apuntant manualment a la
pissarra el nombre de cops.

Fig. 100
Apuntant manualment el
nombre de cops sobre
una estaca arrencada!

Fig. 101
L'SPT tancat.

Fig. 102
L'SPT obert. A la dreta,
la punta roscada.

Fig. 103
El penetròmetre obert
després de l'assaig:
$18 + 8 + 10 + 16$.
El tros de 8 és argilós. En
prémer amb el dit queda
marcat. El tros de 18
és sorra compacta. En
prémer amb el dit es desfà.
L'assaig s'ha de considerar
nul perquè ha coincidit
amb el canvi d'estrat.

Fig. 104
Aquest assaig també és
nul perquè, en obrir l'SPT,
es comprova com una
concreció l'ha embussat,
amb un resultat molt
superior al que correspon
als llims orgànics de la
Verneda, on s'ha realitzat.

Fig. 105
La mostra que proporciona l'SPT és alterada, però es pot enviar al laboratori per identificar-la.

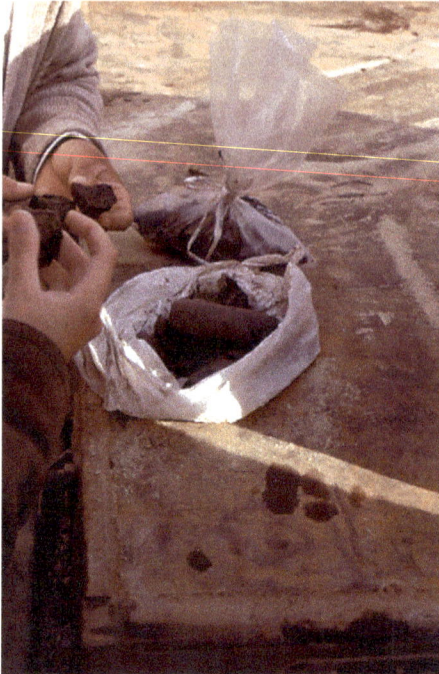

Fig. 106
El resultat de l'assaig s'apunta en una etiqueta, que no formarà part del lliurament final de l'estudi geotècnic. En aquest cas: $N_{SPT} = 8 + 10 = 28$.

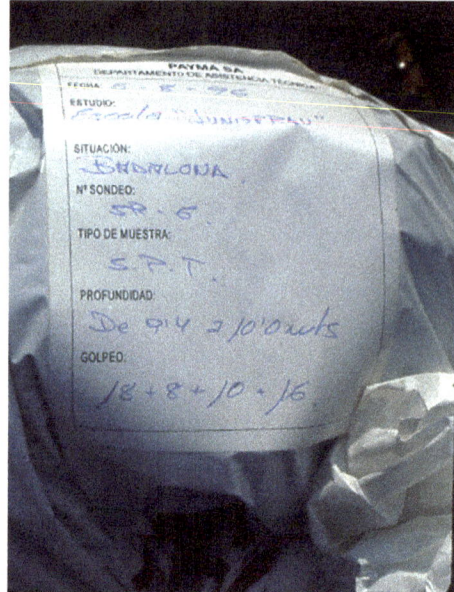

Les expressions que proporcionen la pressió vertical admissible de servei (quan la superfície del terreny és marcadament horitzontal (pendent < 10 %), la inclinació amb la vertical de la resultant de les accions és < 10 % amb assentaments ≤ 25 mm) són:

$$B < 1{,}2 \text{ m} \quad \Rightarrow \quad q_{adm} = 12 \cdot N_{SPT} \cdot \left(1 + \frac{D}{3 \cdot B}\right) \cdot \frac{S_t}{25} \cdot \frac{kN}{m^2}$$

$$B \geq 1{,}2 \text{ m} \quad \Rightarrow \quad q_{adm} = 8 \cdot N_{SPT} \cdot \left(1 + \frac{D}{3 \cdot B}\right) \cdot \frac{S_t}{25} \cdot \left(\frac{B+0{,}3}{B}\right)^2 \frac{kN}{m^2}$$

S_t: assentament total admissible, en mm.

D: profunditat

N_{SPT}: el valor mitjà dels resultats, obtinguts en una zona d'influència de la fonamentació compresa entre un pla situat a una distància $0{,}5 \cdot B$ per sobre de la seva base i un altre situat a una distància mínima $2 \cdot B$ per sota de la mateixa.

El valor de $1 + \dfrac{D}{3 \cdot B}$ que s'ha d'introduir en les equacions serà menor o igual a 1,3.

A partir de la N_{SPT} es poden estimar la compacitat i l'angle de fricció dels sòls granulars, la resistència a la compressió simple i el mòdul de deformació (figura 107 i taula 35).

Tipus de sòl	N_{SPT}	$q_U\,(\text{kN/m}^2)$	$E\,(\text{MN/m}^2)$
Sòls molt fluixos o molt tous	<10	0 - 80	<8
Sòls fluixos o tous	10 - 25	80 - 150	8 - 40
Sòls mitjans	25 - 50	150 - 300	40 - 100
Sòls compactes o durs	50 - Rebuig	300 - 500	100 - 500
Roques toves	Rebuig	500 - 5.000	500 - 8.000
Roques dures	Rebuig	5.000 - 40.000	8.000 - 15.000
Roques molt dures	Rebuig	> 40.000	> 15.000

Taula 35
Correlació entre l'SPT, la resistència a la compressió simple i el mòdul de deformació.
($1\,\text{kN/m}^2 = 10^{-2}\,\text{kp/cm}^2$; $1\,\text{MN/m}^2 = 10\,\text{kp/cm}^2$)

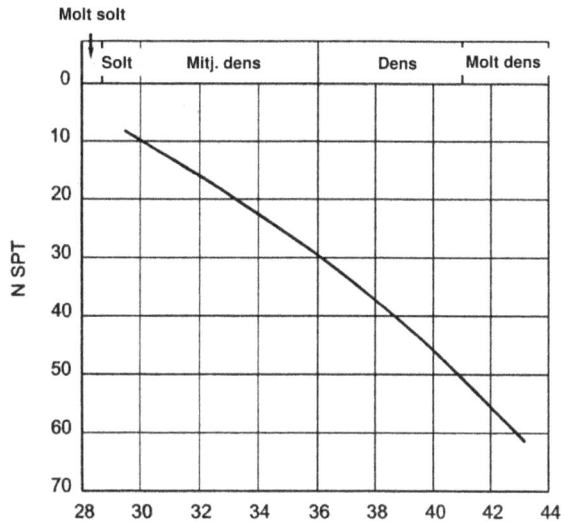

Fig. 107
Correlació de l'assaig SPT amb la compacitat i l'angle de fricció interna dels sòls granulars.

2.1.5. El molinet (*vane test* o *escisómetro*; figures 108 i 109, taula 36)

El molinet serveix per determinar la cohesió a l'obra, no requereix l'extracció, transport i manipulació de la mostra inalterada. Proporciona el parell P necessari per fer-lo girar quan està clavat en el sòl. A partir d'aquest valor es calcula la cohesió.

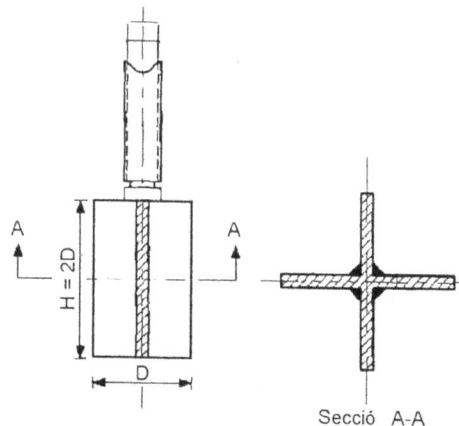

Fig. 108
El molinet normalitzat (ENV 1997-3:1999).

Taula 36
El molinet.

Tipus	Descripció	Per determinar
Molinet (Vane Test) ENV-199-3	Rotació d'unes aspes a 90° introduïdes en el terreny. Es mesura el parell necessari per tallar el sòl girant-les.	Resistència al tall de les argiles toves

Fig. 109
El molinet de butxaca.

$$c = \frac{P}{\pi \cdot d^2 \cdot \left(\dfrac{H}{2} + \dfrac{d}{6}\right)}$$

P: moment per fer girar el molinet

d: diàmetre

H: alçada

Demostració:

Àrea lateral del cilindre de sòl que rodeja el molinet: $\pi \cdot d \cdot H$

Cohesió que mobilitza l'àrea lateral: $\pi \cdot d \cdot H \cdot c$

Moment de la cohesió de l'àrea lateral: $\pi \cdot d \cdot H \cdot c \cdot \dfrac{d}{2} = c \cdot \pi \cdot d^2 \cdot \dfrac{H}{2}$

Àrea de la base: $\dfrac{\pi \cdot d^2}{4}$

Cohesió que mobilitza la base: $\dfrac{\pi \cdot d^2 \cdot c}{4}$

Moment de la cohesió de la base: $\dfrac{\pi \cdot d^2 \cdot c}{4} \cdot \dfrac{d}{3} = \dfrac{\pi \cdot d^3 \cdot c}{12}$

El moment de trencadura és igual a la reacció del fust més la reacció de les dues bases:

$$P = c \cdot \pi \cdot d^2 \cdot \frac{H}{2} + 2 \cdot \frac{\pi \cdot d^3}{12} \cdot c = c \cdot \pi \cdot d^2 \left(\frac{H}{2} + \frac{d}{6} \right)$$

D'aquí es pot aïllar la cohesió:

$$c = \frac{P}{\pi \cdot d^2 \cdot \left(\dfrac{H}{2} + \dfrac{d}{6} \right)}$$

Exemple: $H = 11{,}43$ cm; $\varnothing = 7{,}62$ cm; moment de trencadura: $P = 456{,}24$ kp · cm

Solució:

$$\frac{456{,}24}{\pi \cdot 7{,}62^2 \cdot \left(\dfrac{11{,}43}{2} + \dfrac{7{,}62}{6} \right)} = \frac{456{,}24}{1274{,}67} = 0{,}358 \frac{\text{kp}}{\text{cm}^2}$$

2.1.6. El pressiòmetre (figures 110 a 113; taula 37)

El pressiòmetre és una cel·la de material elàstic que s'infla amb aigua a una profunditat determinada. Per tant, cal un sondatge per arribar a aquesta profunditat. Es mesura la pressió necessària per inflar la cel·la i el volum d'aigua que s'injecta. És, doncs, un assaig de deformació volumètrica. Els valors de la pressió i volum es representen en una corba que proporciona el mòdul de deformació pressiomètric i la pressió límit (figura 114). Per tant, el resultat del pressiòmetre és la corba pressiomètrica, que té tres parts: la primera part és la de recuperació de les condicions inicials; la segona és la pseudoelàstica, que serveix per mesurar el mòdul de deformació pressiomètrica, i la tercera és la plàstica, que serveix per mesurar la pressió límit (la asímptota vertical).

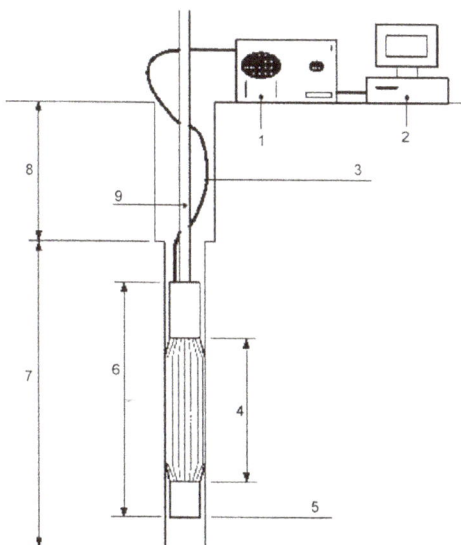

Fig. 110
El pressiòmetre: 1. Control de l'assaig; 2. Processador; 3. Cable de control; 4. Secció d'expansió; 5. Base de la sonda; 6. Sonda; 7. Sondatge de l'assaig; 8. Sondatge fins a la superfície; 9. Tija (ENV 1997-3:1999).

Fig. 111
El pressiòmetre.

Fig. 112
Lectura digital de
l'assaig pressiomètric.

Fig. 113
Lectura manual de
l'assaig pressiomètric.

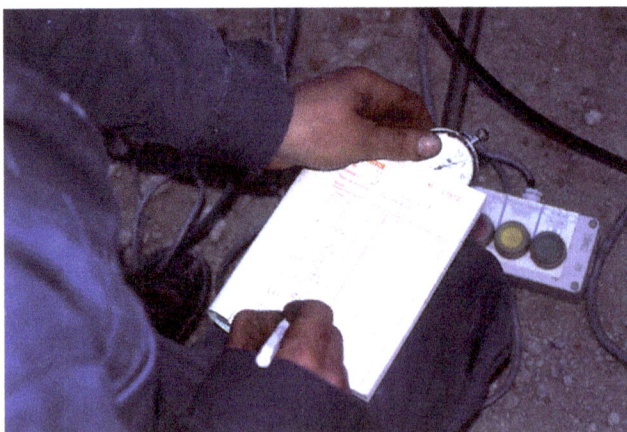

Taula 37
El pressiòmetre.

Tipus	Descripció	Per determinar
Assaig pressiomètric ENV-199-3	Dilatació per gas a pressió d'una cel·la cilíndrica contra les parets d'un sondatge. Mesura la deformació volumètrica que correspon a cada pressió fins, eventualment, a la trencadura del sòl.	Pressió límit i deformabilitat dels sòls granulars, argiles dures, etc.

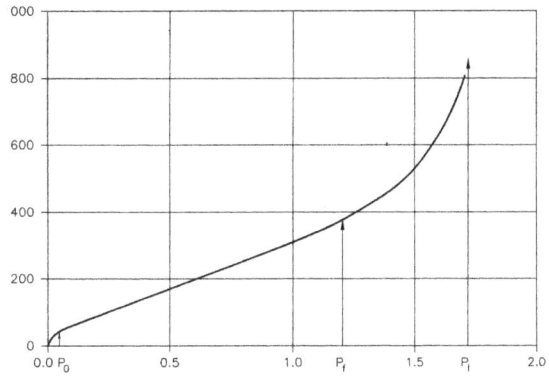

Fig. 114
La corba pressiomètrica.
El pendent de la part
recta és el mòdul de
deformació pressiomètric.
L'asímptota vertical del
final és P_l, la pressió límit.

A partir de la pressió límit P_l es pot calcular la pressió admissible:

$$\sigma_a = \frac{0,8 \cdot \dfrac{\sum P_l}{n}}{3}$$

σ_a: pressió admissible

0,8: per la dispersió

$\sum P_l$: suma de les n pressions límit obtingudes

n: nombre d'assaigs

2.1.7. Els assaigs sísmics (*down-hole* i *cross-hole*)

Serveixen per caracteritzar el terreny des d'un punt de vista sísmic a través de la velocitat amb què les ones mecàniques el travessen.

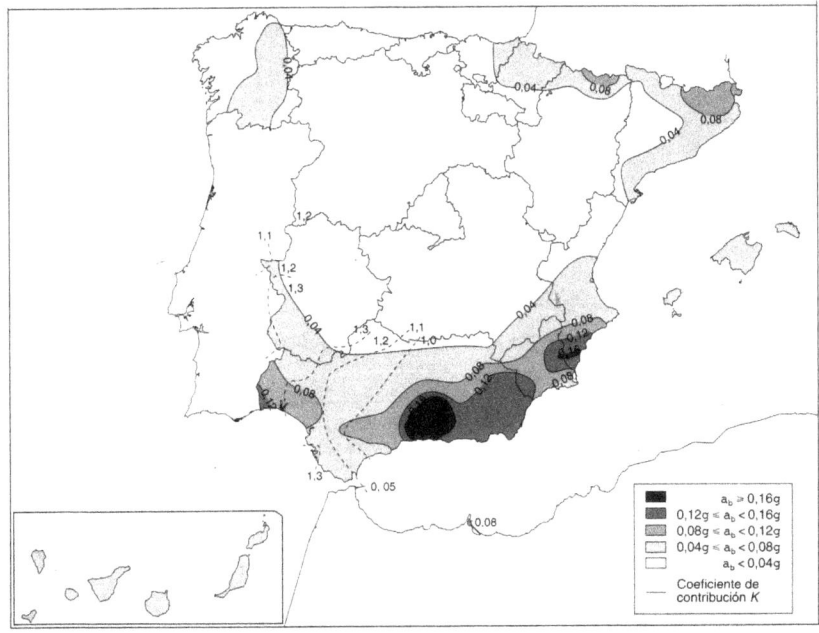

Fig. 115
Mapa sísmic de la
norma NCSE-02.

$a_b \geqslant 0,16g$
$0,12g \leqslant a_b < 0,16g$
$0,08g \leqslant a_b < 0,12g$
$0,04g \leqslant a_b < 0,08g$
$a_b < 0,04g$

Coeficiente de
contribución K

Article C.4.4 del DB SE-C: "En zonas sísmicas y para edificios de los tipos C-1 y C-2 se recomienda la utilización de ensayos "down-hole" o "cross-hole" (norma ASTM: D 4428) con el fin de identificar la velocidad de propagación vs de las ondas S que permite clasificar las distintas unidades geotécnicas de acuerdo con la Norma de Construcción Sismorresistente NCSE vigente. Para edificios de los tipos C-2 y C-3 será obligatoria la realización de dicho tipo de ensayos cuando la aceleración sísmica básica sea superior a $0,08 \cdot g$" (Catalunya: de 0 a $0,11 \cdot g$; figura 115).

L'assaig *down-hole* (figura 116)

La velocitat de transmissió de les vibracions mecàniques a través del sòl (de 200 a 6000 m/s) depèn de la rigidesa, que es pot caracteritzar amb el mòdul de deformació. Per realitzar l'assaig es comença provocant una vibració en un punt de la superfície del terreny amb un impacte mecànic. En un sondatge es col·loca un sensor (geòfon) mòbil que registra l'arribada de la vibració. Coneixent el temps que tarda la vibració en recórrer la distància entre l'emissor i el receptor, es pot calcular la velocitat de propagació.

Fig. 116
L'assaig *down-hole*
(A. Josa et al.,1995).

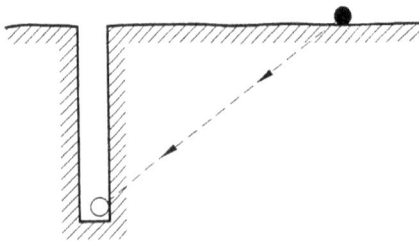

Fig. 117
L'assaig *cross-hole*
(A. Josa et al.,1995).

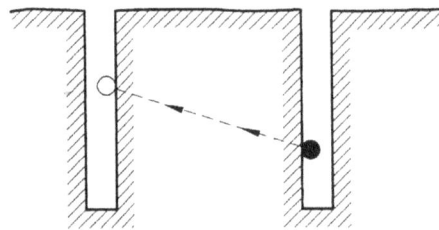

L'assaig *cross-hole* (figura 117)

L'assaig *cross-hole* requereix almenys dos sondatges. Es provoquen vibracions en diversos punts d'un dels sondatges amb un impacte mecànic, efectuant un escombrat creuat de la zona que es vol estudiar. En l'altre sondatge es col·loca un sensor (geòfon) mòbil que registra l'arribada de les vibracions. Coneixent el temps que tarden les vibracions a recórrer les distàncies entre l'emissor i el receptor, es poden calcular les velocitats de propagació.

2.1.8. L'assaig Lefranc (per a sòls permeables, figura 118)

Mesura el cabal que s'infiltra en el terreny des de l'interior d'un sondatge realitzat prèviament, per tal d'obtenir la permeabilitat del sòl. El volum d'aigua infiltrada per unitat de temps es mesura quan s'arriba al flux estacionari.

$$K = \frac{V}{t \cdot H \cdot L \cdot 2 \cdot \pi} \cdot \ln \left[\frac{L}{D} + \sqrt{1 + \left(\frac{L}{D} \right)^2} \right]$$

K: permeabilitat

H: alçada de la columna d'aigua per sobre del nivell freàtic

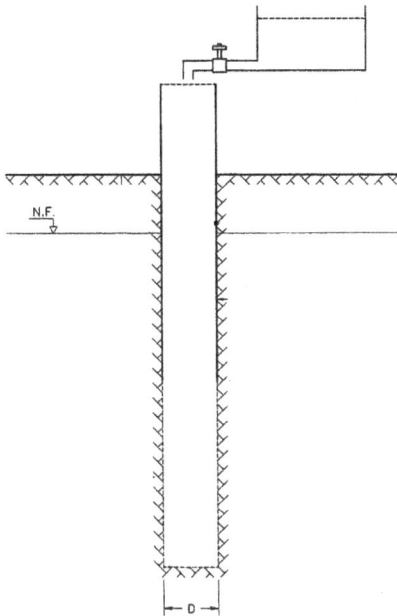

Fig. 118
L'assaig Lefranc
(A. Josa et al.,1995).

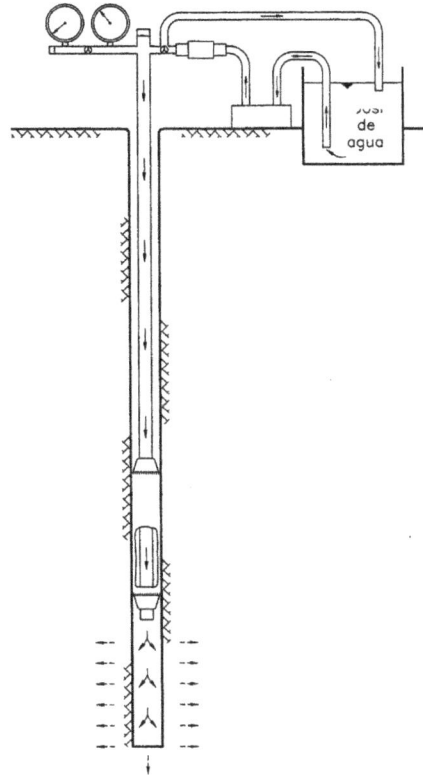

Fig. 119
L'assaig Lugeon
(A. Josa et al.,1995).

D: diàmetre del tub d'infiltració

L: alçada de la zona d'infiltració

V: volum d'aigua infiltrada mesurat en un temps t (zero per a t = 0)

2.1.9. L'assaig Lugeon (per a sòls poc permeables i roques; figura 119)

Injecta aigua en el terreny i mesura el cabal infiltrat. Es controla la pressió de injecció per mantenir-la constant. S'utilitza en sòls poc permeables i en roca.

$$K = \frac{V}{P \cdot t} \cdot C$$

K: permeabilitat

V: volum d'aigua infiltrada

t: temps

P: pressió de treball

C: coeficient de geometria. (Per a una infiltració d'1 m i un diàmetre del sondatge de 5 cm, la constant C és 6 Kpa/m²).

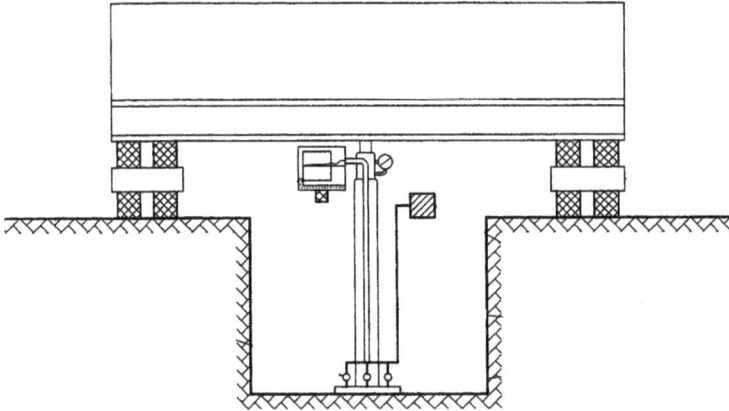

Fig. 120
L'assaig de càrrega amb
placa (ASTM-D1194).

2.1.10. L'assaig de càrrega amb placa (figures 120 i 121)

L'assaig de càrrega amb placa mesura els assentaments d'una placa rígida quadrada o circular en aplicar-li una càrrega creixent, tant si s'arriba o no a l'enfonsament (Norma ENV-199-3). Proporciona la corba pressió-assentament (figura 121) i serveix per calcular la pressió admissible, l'assentament, el mòdul de deformació i el coeficient de reacció (o de balast).

Fig. 121
La corba pressió-
assentament de l'assaig
de càrrega amb placa
realitzat per GEOS a
l'ETSECCP de Barcelona.

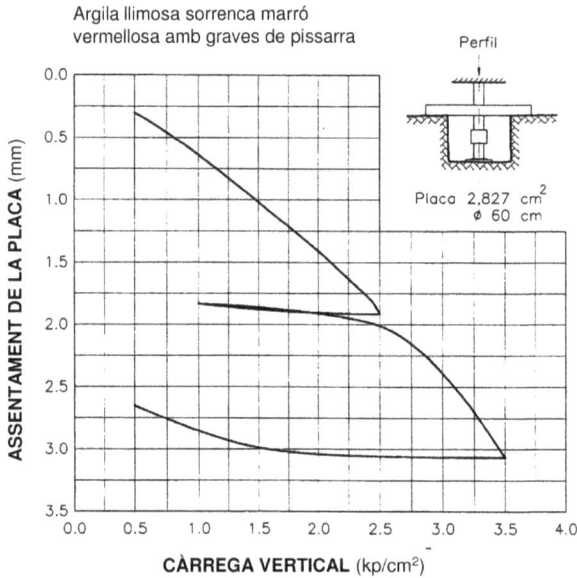

La pressió admissible σ_a es calcula a partir de la pressió $\sigma_{1,25}$ que produeix un assentament permanent d'1,25 cm de la placa de 30 cm × 30 cm: $\sigma_a = 0,5 \times \sigma_{1,25}$. Com que la sabata no es recolza sobre la superfície, sinó que es recolza a una profunditat D, a σ_a, s'afegeix l'increment:

$$\Delta \sigma_a = \frac{1}{3} \cdot \gamma \cdot D \cdot N_q$$

$\Delta \sigma_a$: increment de la pressió admissible produït per la profunditat

γ: densitat

N_q: coeficient que depèn de ϕ (angle de fricció)

L'assaig de càrrega amb placa afecta a molt poca profunditat. En canvi, el fonament afectarà a una profunditat molt superior (figura 122). Cal assegurar que el sòl assajat per la placa continua en profunditat (pel coneixement previ, geològic, amb un sondatge, penetròmetre o prospecció geofísica).

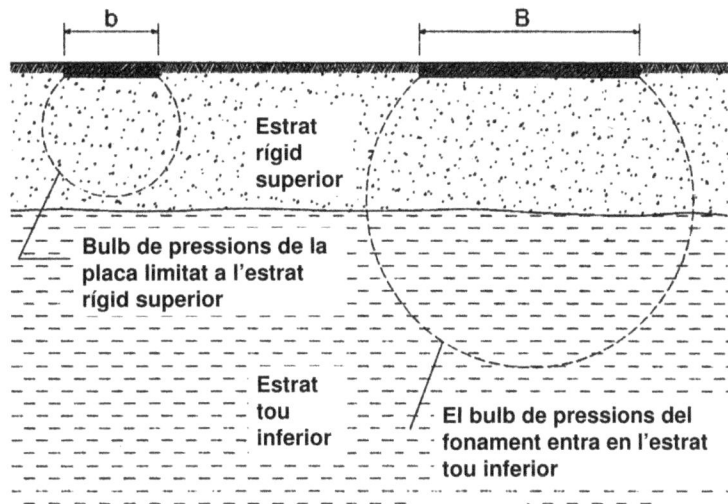

Fig. 122
La placa de l'assaig és més petita que la sabata i, per tant, afecta a menys profunditat (CTE DB SE-C).

Càlcul de l'assentament

$$s = s_1 \cdot \left(\frac{2 \cdot B}{B + 0{,}30} \right)^2$$

s: assentament de la sabata d'amplada B

s_1: assentament de la placa de $30 \times 30 \ cm^2$ sotmesa a la mateixa pressió que la sabata

Càlcul del mòdul de deformació

$$E = \frac{1{,}5 \cdot r \cdot \sigma}{s}$$

E: mòdul de deformació

r: radi de la placa

σ: pressió aplicada

s: assentament produït per σ

Exemple de càlcul del mòdul de deformació

$$E = \frac{1,5 \times 15 \times 5,6}{0,15} = 840 \frac{\text{kp}}{\text{cm}^2}$$

$r = 15$ cm

$\sigma = 5,6$ kp/cm^2

$s = 0,15$ cm

Exemple de càlcul del coeficient de reacció o de balast

$$K_s = \frac{\sigma}{s} = \frac{5,6}{0,15} = 37,3 \frac{\text{kp}}{\text{cm}^3}$$

$\sigma = 5,6$ kp/cm^2

$s = 0,15$ cm

2.1.11. L'assaig de bombament (figura 123)

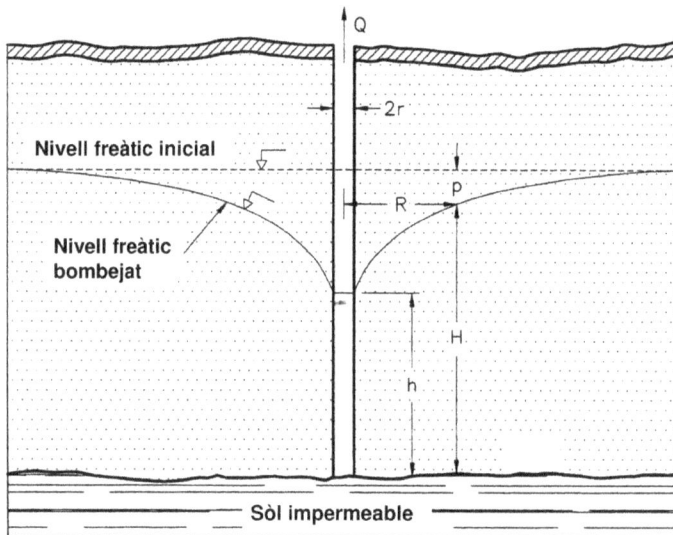

Fig. 123
Assaig de bombament
(A. Josa et al.,1995).

L'assaig de bombament determina la permeabilitat del terreny en un aqüífer mesurant el cabal necessari per mantenir el nivell freàtic rebaixat. Requereix un sondatge fins a l'estrat impermeable. En absència de bombament, quan el nivell d'aigua en el pou s'estabilitza, l'alçada indica la posició inicial del nivell freàtic. Es bomba des de l'exterior un cabal constant fins que el nivell de l'aigua en el pou es manté estacionari. Això indica que s'han igualat el cabal bombat i el subministrat per l'aqüífer. En la realització de l'assaig s'han de col·locar piezòmetres en les immediacions del pou a distàncies diferents per obtenir la posició de la superfície freàtica durant el bombament.

$$K = \frac{Q \cdot \ln\left(\dfrac{R}{r}\right)}{\pi \cdot (H^2 - h^2)}$$

K: permeabilitat

Q: cabal constant bombat

h: alçada de l'aigua en el pou de bombament

p: descens del nivell freàtic

2.2. Assaigs de laboratori

Són els següents, classificats en 4 tipus dels quals s'indiquen els resultats:

Tipus	**Resultat**
a) d'identificació	
granulometria	corba granulomètrica
límits	límits líquid i plàstic
b) de volum	
densitat	valors
humitat	valor
expansivitat o inflament	canvi potencial de volum
c) mecànics	
compressió simple	corba tensió-deformació
tall directe	recta de Coulomb
compressió triaxial	corba de resistència intrínseca
edòmetre	corba edomètrica
d) químics: agressivitat	contingut en sulfats

2.2.1. L'assaig de compressió simple (figures 124 i 125)

L'assaig de compressió simple consisteix a sotmetre la mostra a compressió no confinada ($\sigma_1 = 0$) fins a la trencadura, amb lectura de la corba tensió-deformació (figura 126). Requereix sòl coherent i mostra inalterada. Es mesura la humitat abans i després de l'assaig per comprovar que la mostra no s'ha assecat molt. Els resultats d'aquest assaig són, doncs, la corba tensió-deformació i la resistència a la compressió simple.

Càlcul de la pressió admissible σ_a a partir de la resistència a la compressió simple σ_3:

Sabata rectangular $B \times L$: $\sigma_a = \sigma_3 \cdot \left(1 + 0,3 \cdot \dfrac{B}{L} \right)$

Sabata correguda ($L = \infty$): $\sigma_a = \sigma_3$

Sabata quadrada $B = L$: $\sigma_a = 1,3 \cdot \sigma_3$

Fig. 124
La premsa de l'assaig
de compressió simple
(no confinada).

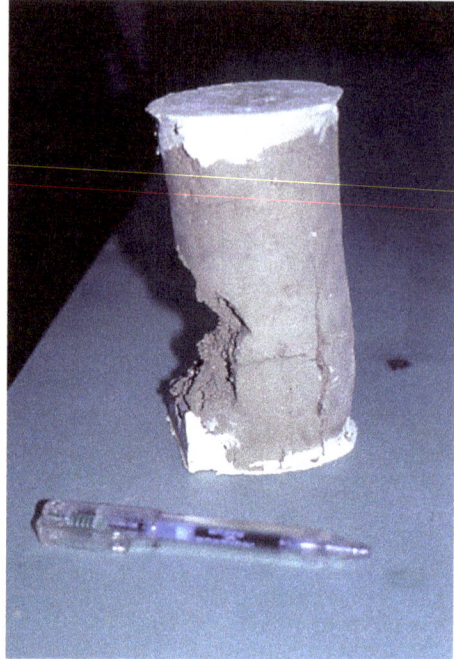

Fig. 125
La mostra trencada a la
compressió simple.

Fig. 126
Resultat de l'assaig de
compressió simple.

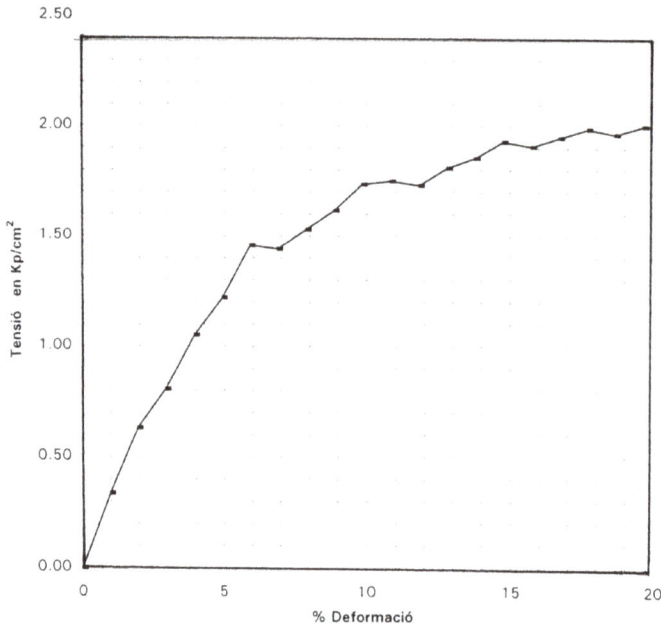

(No s'aplica coeficient de minoració perquè l'assaig és no confinat, o sigui, molt desfavorable).

A l'assaig de compressió triaxial es veurà que en sòls coherents purs ($\varphi = 0$), com que $\sigma_1 = \sigma_2 = 0$ resulta que $c = \sigma_3/2$ (figura 144). És a dir, la cohesió es pot estimar com la meitat de la resistència a la compressió simple. A la taula 23 s'ha vist la qualificació de la consistència a partir de la resistència a la compressió simple, i a la taula 35, la correlació entre la resistència a la compressió simple i el mòdul de deformació.

2.2.2. L'assaig de tall directe (figures 127 a 132)

És un assaig que permet determinar la cohesió c i l'angle de fricció φ. Es relacionen amb la resistència al tall τ i la pressió σ a través de la recta de Coulomb o llei de tall: $\tau = c + \sigma \cdot \tan \varphi$. Requereix una mostra inalterada i consisteix a col·locar la mostra en l'aparell de Casagrande (figura 128), aplicar-li una pressió σ_1 i tallar-la per la meitat. L'esforç de tall necessari per tallar-la és τ_1. Repetint aquest procés tres vegades s'obtenen tres parells de valors σ, τ que es representen com a punts en els eixos de Coulomb (pressions a les abscisses i tallant a les ordenades; figura 133). Aquests punts queden alineats al llarg de la recta de Coulomb o llei de tall, que proporciona dos valors característics del comportament geotècnic del sòl: la cohesió c i la fricció φ.

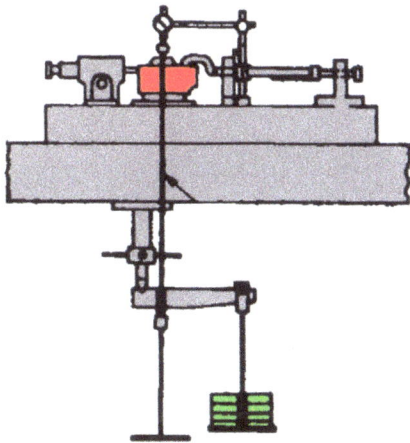

Fig. 127
El dispositiu d'assaig de tall directe.

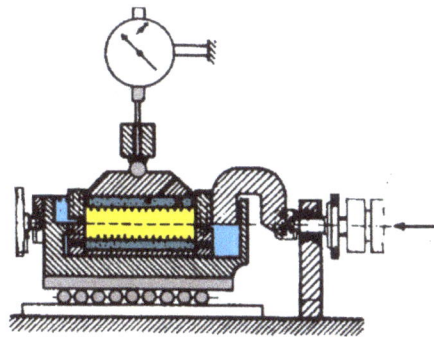

Fig. 128
La caixa de l'assaig de tall directe.

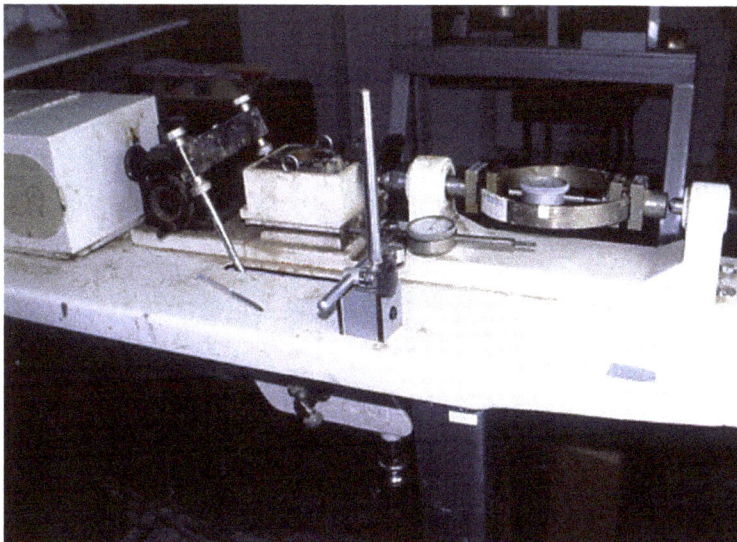

Fig. 129
L'aparell de Casagrande per l'assaig de tall directe.

Fig. 130
La caixa de tall desmuntada. Les plaques poroses són per drenar i accelerar l'assaig.

Fig. 131
El laborant prepara l'assaig amb una mostra inalterada. A partir de la mostra que hi ha a sobre de la taula es poden fer més assaigs.

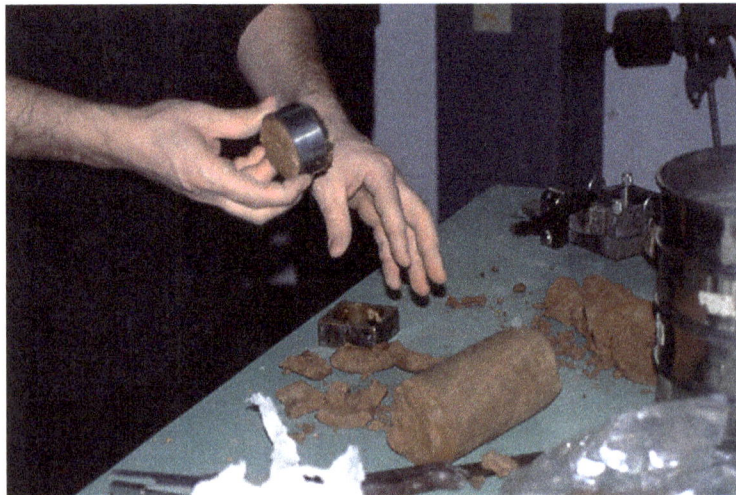

Fig. 132
Les pastilles són mostres assajades al tall i els cilindres, a la compressió simple.

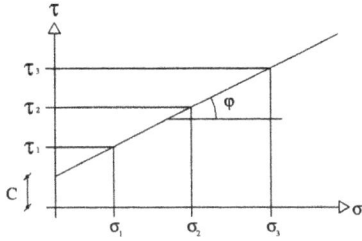

Fig. 133
La recta de Coulomb
obtinguda a patir de
l'assaig de tall directe.

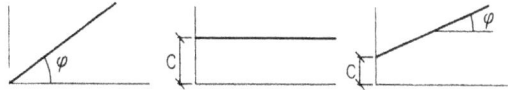

Fig. 134
La posició de la recta de
Coulomb permet classificar
el sòl. A l'esquerra: granular
net (sense cohesió). Al mig:
cohesiu pur (sense fricció).
A la dreta: granular-coherent
(amb cohesió i fricció).

La cohesió c és l'ordenada en l'origen, és a dir, representa l'esforç de tall necessari per tallar la mostra quan no s'aplica cap pressió ($\sigma = 0$). La inclinació φ de la recta és l'angle de fricció de les partícules del sòl, que indica la relació entre la pressió i el tall. Els valors alts de φ impliquen que la resistència al tall augmenta més amb la pressió que si la recta està poc inclinada. Cal observar que si el sòl no té cohesió (sorra neta) la recta passa per l'origen (figura 134 esquerra) i si no tingues fricció, la recta seria horitzontal indicant que la resistència al tall és constantment igual a la cohesió independentment del valor de la pressió (fig.134 centre). És habitual que els sòls tinguin cohesió i fricció (fig.134 dreta).

Per altra banda, la recta de Coulomb limita els estats del sòl perquè els punts de la recta són punts en estat límit de trencadura. En canvi, els punts que estan per sota de la recta són punts de possible equilibri σ, τ, i els que estan per sobre no poden representar cap estat tensional perquè estan més enllà de la trencadura.

A la figura 135 es reprodueix l'assaig de tall directe realitzat per PAYMASA amb el resultat de $c = 0{,}97$ kp/cm^2 i $\varphi = 25{,}2°$. S'han aplicat les pressions 1, 2 i 4 kp/cm^2 i es pot observar com s'asseca la mostra durant l'assaig i com disminueix l'índex de porus.

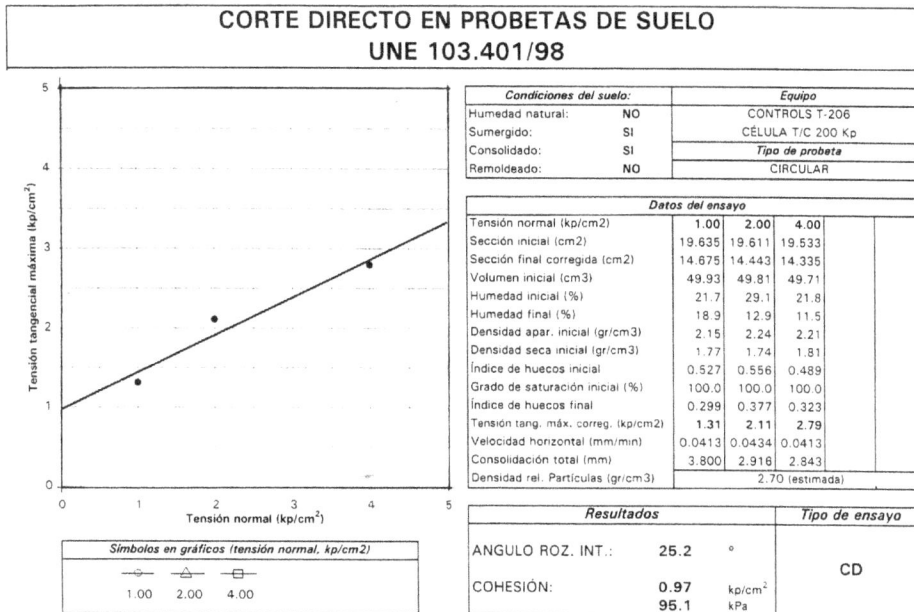

CORTE DIRECTO EN PROBETAS DE SUELO
UNE 103.401/98

Fig. 135
Assaig de tall directe
(PAYMASA).

Condiciones del suelo:		Equipo		
Humedad natural:	NO	CONTROLS T-206		
Sumergido:	SI	CÉLULA T/C 200 Kp		
Consolidado:	SI	Tipo de probeta		
Remoldeado:	NO	CIRCULAR		

Datos del ensayo				
Tensión normal (kp/cm2)	1.00	2.00	4.00	
Sección inicial (cm2)	19.635	19.611	19.533	
Sección final corregida (cm2)	14.675	14.443	14.335	
Volumen inicial (cm3)	49.93	49.81	49.71	
Humedad inicial (%)	21.7	29.1	21.8	
Humedad final (%)	18.9	12.9	11.5	
Densidad apar. inicial (gr/cm3)	2.15	2.24	2.21	
Densidad seca inicial (gr/cm3)	1.77	1.74	1.81	
Índice de huecos inicial	0.527	0.556	0.489	
Grado de saturación inicial (%)	100.0	100.0	100.0	
Índice de huecos final	0.299	0.377	0.323	
Tensión tang. máx. correg. (kp/cm2)	1.31	2.11	2.79	
Velocidad horizontal (mm/min)	0.0413	0.0434	0.0413	
Consolidación total (mm)	3.800	2.916	2.843	
Densidad rel. Partículas (gr/cm3)	2.70 (estimada)			

Símbolos en gráficos (tensión normal, kp/cm2)		
1.00	2.00	4.00

Resultados			Tipo de ensayo
ANGULO ROZ. INT.:	25.2	°	CD
COHESIÓN:	0.97	kp/cm^2	
	95.1	kPa	

Tipus d'assaig de tall directe

1. *Ràpid*: la pressió i el tall s'apliquen sense esperar el drenatge. Proporciona la cohesió aparent (sense drenar). Aplicacions: estructures que entren en càrrega molt de pressa, com, per exemple, les sitges, les piscines i els dipòsits.
2. *Ràpid amb consolidació prèvia*: la pressió s'aplica lentament i s'espera que la mostra consolidi, però s'augmenta el tall ràpidament fins a la trencadura. Aplicacions: excavacions, que buiden un sòl que ja estava consolidat per efecte del seu pes.
3. *Lent*: la pressió s'aplica lentament i s'espera que la mostra consolidi; s'aplica esgraonadament el tall i s'espera, en cada graó, que la deformació s'estabilitzi. Aplicacions: estudi de fonaments.

Les limitacions de l'assaig de tall directe

1. Durant l'assaig, va disminuint l'àrea de contacte entre les dues meitats de la mostra. Les tensions de trencadura són en realitat molt superiors perquè es calculen dividint per la secció de contacte inicial.
2. Les deformacions no són uniformes en tota la superfície de trencadura. Són superiors a les vores.
3. En terrenys coherents la consolidació és lenta i eternitza l'assaig lent.

2.2.3. L'assaig triaxial (figures 136 a 138)

L'assaig de compressió triaxial sotmet el sòl a compressió sense tall en les tres direccions de l'espai; és a dir, aplica σ_1 en la direcció x, $\sigma_2 = \sigma_1$ en la direcció y i σ_3 en la direcció z (figura 139). El confinament o pressió lateral redueix la deformació transversal i vertical (assentament) i incrementa la resistència (figura 140).

Fig. 136
L'assaig de compressió triaxial (L.I. González, 2002).

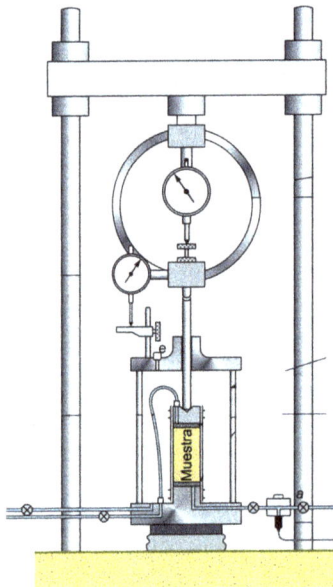

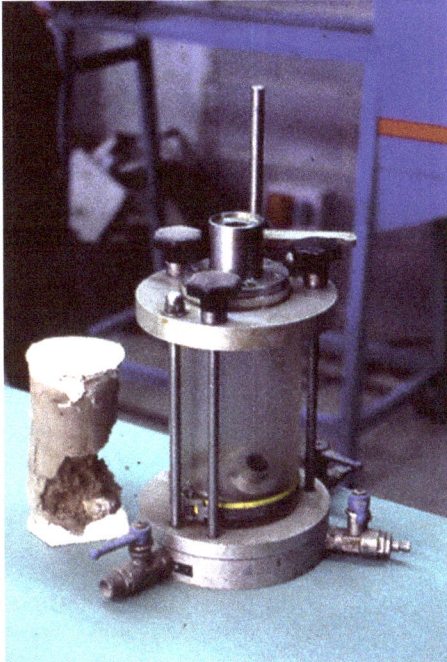

Fig. 137
La cel·la del triaxial.

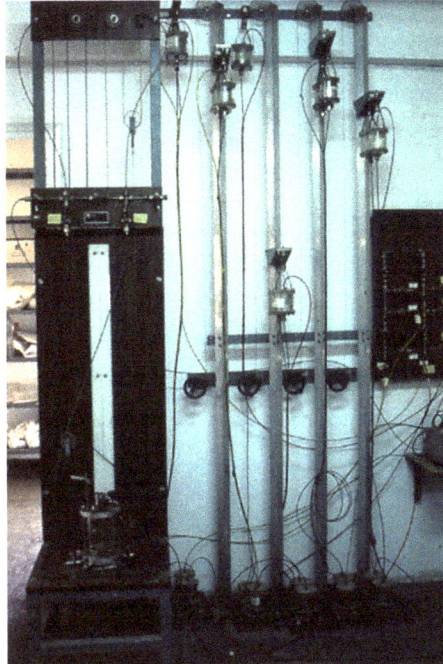

Fig. 138
Una bateria de
triaxials en acció.

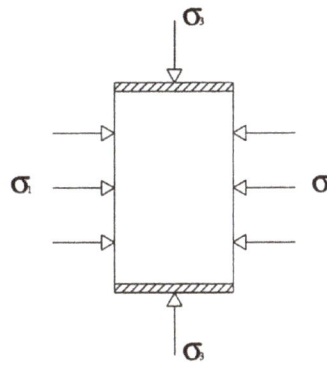

Fig. 139
El triaxial sotmet la mostra a
la compressió sense tall en
les tres direccions de l'espai.

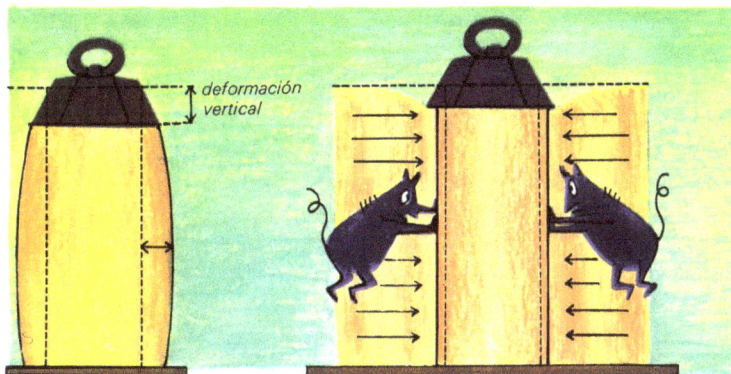

Fig. 140
El confinament incrementa
la resistència
R. L'Hermite, 1971).

deformación
vertical

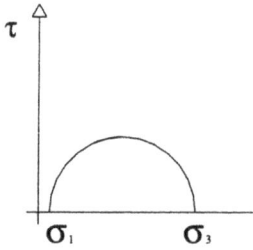

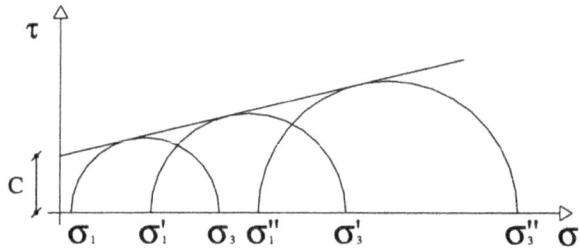

Amb l'assaig de compressió triaxial s'obtenen cercles de Mohr (J. Llorens i B. Ruiz, 2012). Requereix una mostra inalterada i consisteix a col·locar la mostra en la cel·la de l'aparell (figura 137), i aplicar-hi una pressió lateral $\sigma_1 = \sigma_2$ i una pressió vertical σ_3 creixent fins a la trencadura. Aquest parell de valors σ_1 i σ_3 representats en els eixos de Coulomb marquen el diàmetre del cercle de Mohr corresponent a la situació tensional que ha produït la trencadura (figura 141). Repetint aquest procés dues vegades més s'obtenen σ'_1, σ'_3, σ''_1 i σ''_3, dos parells de valors que també es representen conjuntament amb els cercles de Mohr que delimiten. L'envolupant d'aquests cercles de Mohr és la corba de resistència intrínseca, que s'assimila a la recta de Coulomb o llei de tall: $\tau = c + \sigma \cdot \tan\varphi$ (obtinguda també en l'assaig de tall directe) i proporciona els valors de c i φ (figura 142).

D'altres aplicacions de l'assaig de compressió triaxial

L'assaig de compressió triaxial pot emular el de compressió simple fent $\sigma_1 = \sigma_2 = 0$ (figura 143). El valor de σ_3 és precisament el de la resistència a la compressió simple. A més, si el sòl fos coherent pur ($\varphi = 0$) es podria estimar la cohesió $c = \sigma_3/2$ (figura 144).

Per altra banda, amb un triaxial (un cercle de Mohr) i un molinet (c) també es pot determinar la recta de Coulomb, que és la tangent al cercle des de c (figura 145).

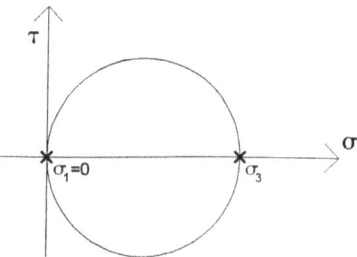

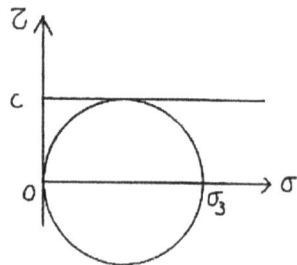

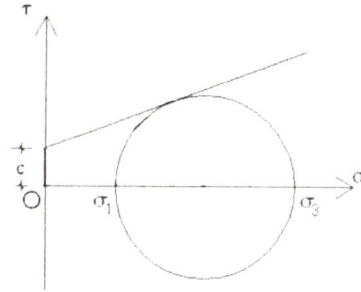

Fig. 145
Amb un triaxial i un molinet
també es pot obtenir la
recta de Coulomb.

2.2.4. L'edòmetre (figures 146 i 147)

L'edòmetre mesura la consolidació dels sòls coherents i saturats. Carrega una mostra **coherent, inalterada i saturada** i proporciona la corba pressió-disminució de l'índex de forats. Aplica la pressió en 7 graons de 24 hores (1 setmana): graó 1 de 0 a 0,1 kp/cm^2; graó 2 de 0,1 a 0,2 kp/cm^2; graó 3 de 0,2 a 0,5 kp/cm^2; graó 4 de 0,5 a 1,0 kp/cm^2; graó 5 d'1,0 a 2,0 kp/cm^2; graó 6 de 2,0 a 4,0 kp/cm^2 i graó 7 de 4,0 a 8,0 kp/cm^2.

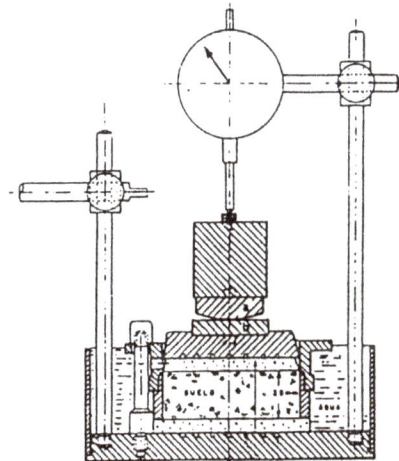

Fig. 146
L'edòmetre.

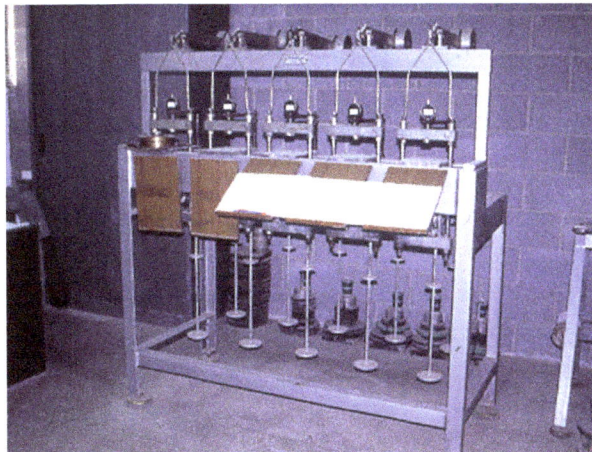

Fig. 147
Una bancada d'edòmetres.
Se'n necessiten uns
quants perquè un assaig
dura una setmana.

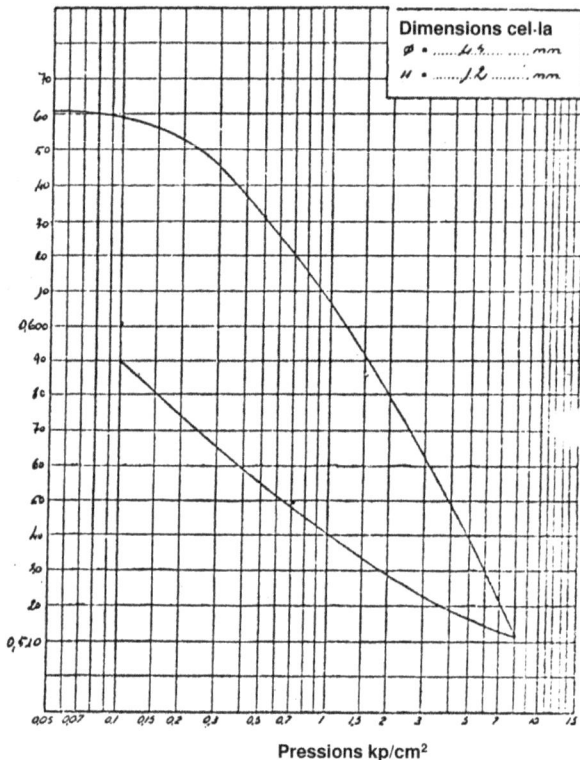

Fig. 148
La corba edomètrica.
La corba superior és la
de càrrega i la inferior
és la de descàrrega.

El resultat de l'assaig edomètric és la corba edomètrica (figura 148), que representa la disminució de l'índex de porus (en ordenades) a mesura que es va incrementant la pressió (en abscisses). Serveix per:

1. Calcular l'assentament.
2. Calcular el mòdul de deformació.
3. Calcular el temps que tardarà a produir-se l'assentament (temps de consolidació).
4. Determinar la pressió d'inflament: es col·loca la mostra en l'edòmetre, s'inunda i s'aplica la pressió perquè no s'infli. Aquesta pressió necessària perquè la mostra no s'infli és la pressió d'inflament.

Per calcular l'assentament, es consulten en la corba edomètrica els índex de porus anterior e_0 (esquerra de la figura 149) i posterior e_1 (dreta de la figura 149) a l'aplicació de la càrrega. La mostra està saturada, o sigui, tots els porus estan plens d'aigua (no hi ha aire). En aplicar la càrrega, l'alçada inicial $h = h_s + h_0$ disminueix s (l'assentament) i passa a ser $h_s + h_1$. Com que el sòlid es considera incompressible, tota la disminució de volum s'ha produït a compte de l'expulsió d'aigua.

Valors dels índex de porus abans i després d'aplicar la càrrega:

$$e_0 = \frac{\text{vol. porus inicial}}{\text{vol. sòlid inicial}} = \frac{A \cdot h_0}{A \cdot h_s} = \frac{h_0}{h_s}; \qquad e_1 = \frac{\text{vol. porus final}}{\text{vol. sòlid final}} = \frac{A \cdot h_1}{A \cdot h_s} = \frac{h_1}{h_s}$$

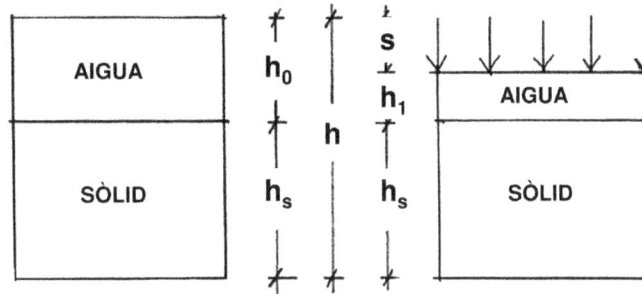

Fig. 149
La mostra en l'edòmetre.
A l'esquerra abans de
carregar-la. A la dreta
després de carregar-la.

amb A = superfície de la base de la mostra. Valor de l'assentament:

$$s = (h_s + h_0) - (h_s + h_1) = h_0 - h_1 = \frac{h_0 - h_1}{h} \cdot h = \frac{h_0 - h_1}{h_s + h_0} \cdot h =$$

$$= \frac{\dfrac{h_0}{h_s} - \dfrac{h_1}{h_s}}{\dfrac{h_s}{h_s} + \dfrac{h_0}{h_s}} \cdot h = \frac{e_0 - e_1}{1 + e_0} \cdot h$$

Conclusió: es pot calcular l'assentament s a partir dels índexs de porus anterior e_0 i posterior e_1 i l'alçada inicial h. Cal observar que el mètode edomètric de càlcul de l'assentament no requereix el valor del mòdul de deformació del sòl E. No obstant això, un paral·lelisme amb l'expressió general del càlcul elàstic permet calcular-lo.

Amb el càlcul elàstic:
$$s = \frac{\sigma_1 - \sigma_0}{E} \cdot h$$

Amb el mètode edomètric:
$$s = \frac{e_0 - e_1}{1 + e_0} \cdot h$$

Igualant:
$$\frac{\sigma_1 - \sigma_0}{E} \cdot h = \frac{e_0 - e_1}{1 + e_0} \cdot h \quad \Rightarrow \quad E = (\sigma_1 - \sigma_0) \cdot \frac{1 + e_0}{e_0 - e_1}$$

2.2.5. L'assaig d'expansivitat o de Lambe (figura 150)

L'assaig de Lambe serveix per qualificar l'expansivitat del sòl. No serveix per determinar la pressió d'inflament. Consisteix en el següent:

1. Preparar la mostra amb alguna de les humitats següents: w_p (límit plàstic) mostra "humida" després de 48 hores en ambient 100% o mostra "seca" després de 48 hores en ambient 50%.
2. Col·locar la mostra en l'aparell, entre la base i el pistó, encercolada per una malla rígida.
3. Inundar la mostra.
4. Es deixen passar dues hores.
5. Es llegeix l'índex d'inflament (que no és la pressió d'inflament).
6. Es llegeix el canvi potencial de volum en la corba del gràfic, entrant per l'índex d'inflament i les condicions inicials d'humitat de la mostra (figura 151).

Fig. 150
L'aparell de Lambe per
qualificar l'expansivitat.

Fig. 151
La corba de l'assaig
de Lambe relaciona
l'expansivitat (a les
abscisses) amb l'index
d'inflament (a les
ordenades) en l'imprès
normalitzat (UNE 103 600).

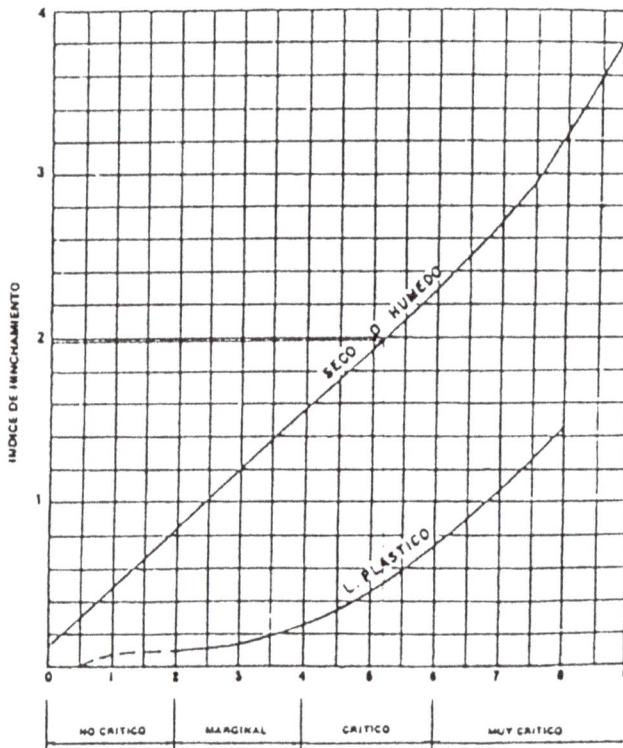

El resultat és la qualificació de l'expansivitat: "no crítica", "marginal", "crítica" o "molt crítica". En el cas que resulti "critica" o "molt crítica, caldrà mesurar la pressió d'inflament amb l'edòmetre.

2.2.6. Presentació dels resultats dels assaigs de laboratori (figura 152)

Els assaigs de laboratori s'acostumen a presentar en un full resum que indica els resultats obtinguts. Per files hi ha els assaigs i per columnes, les mostres assajades. Si l'assaig no s'ha fet, la casella corresponent està en blanc i si el resultat és una figura que no hi cap, s'inclou en l'annex d'assaigs.

Fig. 152
Full de presentació dels assaigs de laboratori.

RESULTADO DE LOS ENSAYOS

Fecha de entrada	R-2	R-2	R-3	R-3	R-3
Referencia	Sondeo 2	Sondeo 2	Sondeo 3	Sondeo 3	Sondeo 3
Tipo de muestra	12,00-12,45	17,00-17,45	6,00-6,45	9,00-9,45	11,50-11,95
Granulométrico	INALTERADAS		INALTERADA		
% pasa tamiz 3/4"	86,8				
% » » N.º 4	71,9				
% » » N.º 10	68,5	100	100	100	100
% » » N.º 40	57,4	98,6	87,9	95,9	99,7
% » » N.º 200	50,0	92,2	80,0	60,4	90,6
Límites de Atterberg					
L. L.	37,7	42,5	29,0		44,2
L. P.	19,5	22,0	20,6		25,2
I. P.	18,2	20,5	8,4	N.P.	19,0
Clasificación Casagrande	CI	CI	CL	ML	CI
» H. R. B.	A-6	A-7-6	A-4	A-4	A-7-6
Indice de Grupo	6	12	8	5	12
Equivalente de arena					
Contenido de Materia Orgánica					
Ensayo de Apisonado					
Proctor					
Densidad máxima					
Humedad óptima					
Indice C. B. R.					
Densidad seca gr/cm³		Ver gráf.		Ver gráf.	Ver gráf.
Factor Portante					
Humedad %	21,4	Ver gráf.	19,9	Ver gráf.	Ver gráf.
Peso específico		2.74		2,69	2,74
Corte directo		Ver gráf.		Ver gráf.	
Edometria		" "		" "	
Compresión simple		" "			
Triaxial					Ver gráfic

→ 3

L'estudi geotècnic

3.1. Per a què serveix l'estudi geotècnic

Per projectar la fonamentació d'un edifici cal conèixer el sòl sobre el qual es recolzarà, perquè haurà de resistir les càrregues amb deformacions acceptables. A més, el sòl també pot transmetre càrregues, com és el cas dels murs de contenció. Per altra banda, en excavar el terreny per construir-hi els fonaments o els murs, només es veu la superfície, però el sòl que actuarà abasta més profunditat. Un exemple històric és el de la Torre de Pisa (figures 153 i 154). Els primers 7 metres (que van veure els que la van construir) són sorres, argiles i llims, però a sota (de –7 m a –37 m) hi ha unes argiles plàstiques, que són les que s'han deformat més. El volum de sòl afectat per la torre (que té 19,50 m d'amplada a la base) va força més enllà dels 7 m inicials (~ 30 m) i, per tant, calia conèixer-ho.

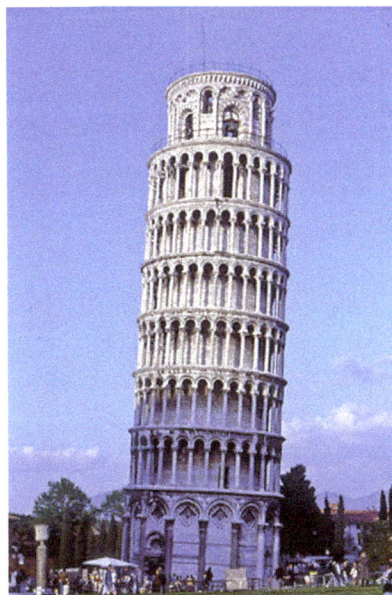

Fig. 153
La Torre de Pisa,
1173 - 1350.

Fig. 154
El sòl que van veure
Bonanno Pisano, Giovanni
di Simeone i Tommaso
di Andrea era una sorra
llimosa, però el que s'ha
deformat més és l'argila
plàstica que hi ha a sota
i que no van veure.

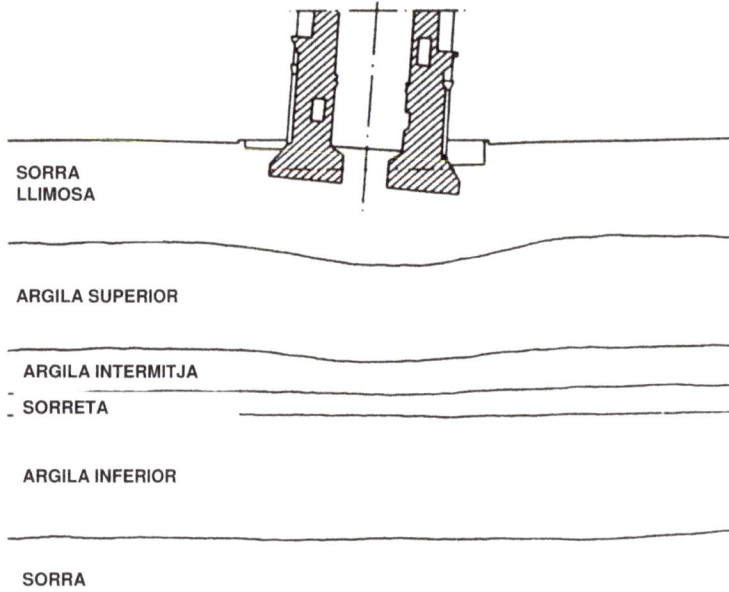

SORRA LLIMOSA

ARGILA SUPERIOR

ARGILA INTERMITJA

SORRETA

ARGILA INFERIOR

SORRA

En la construcció d'edificis de poca envergadura ha estat freqüent prescindir de la informació geotècnica, fins i tot en cassos difícils, que en demanen un coneixement acurat (figures 155 a 157).

Fig. 155
Part de l'edifici es recolza
sobre un reblert.

Fig. 156
Edifici afectat per la
subsidència del subsòl.

Fig. 157
La inestabilitat del sòl
és incompatible amb
la construcció.

3.2. Definició

L'informe geotècnic és la informació quantificada de les característiques del terreny determinades mitjançant el reconeixement del terreny, relacionada amb el tipus d'edifici previst i l'entorn on s'ubica, *necessària per a l'anàlisi i dimensionament dels fonaments i murs de contenció*. L'objectiu principal és projectar els fonaments i els murs de contenció, de manera que un estudi pot ser breu si serveix per a aquest propòsit i no cal que l'estudi tingui centenars de pàgines si no proporcionen la informació necessària per projectar .

Ja que les conclusions de l'estudi geotècnic poden afectar el projecte en la concepció estructural de l'edifici, tipus i cota dels fonaments, s'ha de dur a terme en *la fase inicial del projecte* i, en qualsevol cas, abans que l'estructura estigui totalment dimensionada.

3.3. Contingut de l'estudi geotècnic

3.3.1. Informació general

Emplaçament del solar, empresa i data de realització dels treballs de reconeixement.

3.3.2. Informació prèvia

Relativa a l'edifici en projecte, fonamentació prevista, el sòl, els edificis propers i les rodalies.

1. **Edifici en projecte**: Secció, indicant els nivells de la superfície del sòl. Tipus i deformabilitat de l'estructura. Planta acotada amb indicació de les càrregues.

2. **Fonamentació prevista**: Tipus, geometria i profunditat.

3. **Sòl**: Plànol acotat del solar amb corbes de nivell. Situació de l'edifici amb indicació del perímetre. Ús del sòl, obres anteriors, modificacions del perfil. Xarxes i altres elements enterrats. Profunditat habitual de fonamentació a la zona. Tipus i característiques del sòl. Situació del nivell freàtic. Indicis d'agressivitat o d'expansivitat. Sismicitat.

4. **Edificis propers** (a menys de 50 m): Situació en planta. Secció. Nombre de plantes i soterranis. Estructures de contenció. Fonamentacions. Càrregues transmeses. Tipus d'estructura i deformabilitat. Estat de conservació.

5. **Voltants**: Geologia. Configuració, desnivells, parcs. Lesions en edificis propers. Excavacions visibles. Rieres. Irregularitats. Lliscaments o altres moviments geològics.

3.3.3. Campanya de reconeixement efectuada

Nombre de punts, profunditat del reconeixement en cada punt, situació en planta dels punts de reconeixement, mètodes de prospecció, assajos, mostres i programació dels treballs de reconeixement.

3.3.3.1. Nombre de punts

El nombre de punts de reconeixement depèn del tipus d'edifici (taula 39), el tipus o grup de terreny (taula 40) i les dimensions de la parcel·la (taula 41). Si les distàncies indicades superen les dimensions de la superfície que s'ha de reconèixer s'han de disminuir, i en el cas d'edificis amb superfícies en planta superiors als 10.000 m², es pot reduir la densitat de punts. Aquesta reducció té com a límit el 50% dels obtinguts amb la regla anterior aplicada a l'excés de superfície. El nombre mínim de punts de reconeixement amb caràcter general és 3.

Taula 39
Classificació dels edificis
CTE DB SE-C.

Tipus	Descripció[1]
C-0	Construccions de menys de 4 plantes i superfície construïda inferior a 300 m²
C-1	Altres construccions de menys de 4 plantes
C-2	Construccions entre 4 i 10 plantes
C-3	Construccions entre 11 i 20 plantes
C-4	Conjunts monumentals o singulars, o de més de 20 plantes

[1] En el conjunt de plantes s'inclouen els soterranis.

Taula 40
Classificació dels terrenys
CTE DB SE-C.

Grup	Descripció
T-1	Terrenys favorables: els que són poc variables, i la pràctica habitual de la zona és de fonamentació directa amb elements aïllats.
T-2	Terrenys intermedis: els que presenten variabilitat, o que a la zona no sempre utilitzen la mateixa solució de fonamentació, o els que es pot suposar que tenen reblerts antròpics d'una certa importància que no superen els 3,0 m.
T-3	Terrenys desfavorables: els que no es poden classificar en cap dels apartats anteriors. Es consideren terrenys T-3 desfavorables els següents: • sòls expansius; • sòls col·lapsables; • sòls tous o solts; • terrenys càrstics en guixos i calcàries; • terrenys variables de composició i estat; • reblerts antròpics amb gruixos superiors a 3 m; • terrenys en zones susceptibles de patir esllavissades; • roques volcàniques en colades primes o amb cavitats; • terrenys amb desnivell superior a 15°; • sòls residuals; • terrenys de maresmes.

Taula 41
Distància màxima entre punts de reconeixement
CTE DB SE-C.

Distàncies màximes entre punts de reconeixement		
	Grup de terreny	
Tipus de construcció	T1	T2
	$d_{màx}$ (m)	$d_{màx}$ (m)
C-0, C-1	35	30
C-2	30	25
C-3	25	20
C-4	20	17

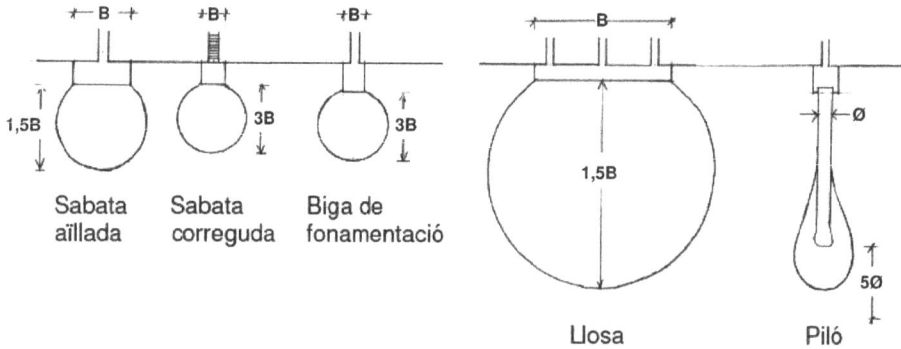

Fig. 158
Profunditat mínima
del reconeixement.

3.3.3.2. Profunditat mínima del reconeixement

La profunditat del reconeixement ha de ser:

1. la menor de la indicada a la figura 158, on s'ha dissipat el 90% de la pressió de contacte a partir de la base de la sabata o els $2/3$ de la longitud dels pilons;
2. si s'ha arribat a un estrat indeformable. Cal comprovar que té ≥ 2 m de gruix $+ 0,3 \cdot n$ metres (n: nombre de plantes).

3.3.3.3. Situació dels punts (figura 159)

Respectant les distàncies màximes, cal seguir un esquema regular, concentrar els punts en les zones conflictives, cobrir el perímetre amb distàncies a aquest perímetre no superiors als 3 m i progressar cap a l'interior. Han de quedar reflectits en un plànol en planimetria i altimetria, referits a punts fixos clarament identificables de l'entorn. S'han de poder fer, com a mínim, dues seccions perpendiculars entre si (o quasi perpendiculars).

Fig. 159
A l'esquerra, cinc punts mal
situats; només es pot fer
una secció. A la dreta, cinc
punts ben situats; es poden
fer 6 seccions. Falta indicar
la cota de les boques.

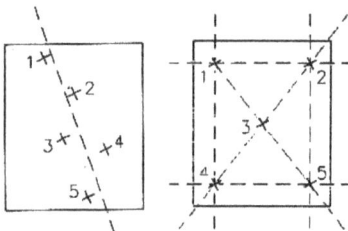

3.3.3.4. Mètodes de prospecció

Cales, sondatges mecànics, penetròmetres: estàtic i dinàmic i prospeccions geofísiques.

a) Les cales

Són pous o rases que permeten l'observació directa del terreny, prendre mostres i fer assaigs in situ. En els reconeixements per a construccions de tipus **C-0** i grup de terreny **T-1**, els penetròmetres s'han de complementar amb d'altres tècniques, com per exemple cales. En d'altres casos, es poden utilitzar penetròmetres per identificar les unitats geotècniques que cal contrastar amb sondatges mecànics.

Condicions de les cales

1. profunditat de reconeixement moderada (< 4 m)
2. terrenys que es poden excavar amb pala mecànica o manualment
3. absència de nivell freàtic, en la profunditat reconeguda o quan existeixin aportacions d'aigua moderades en terrenys de baixa permeabilitat
4. terrenys preferentment cohesius
5. terrenys granulars en què les perforacions de petit diàmetre no serien representatives
6. es poden aconseguir en tots els punts l'estrat ferm o resistent amb garantia suficient
7. no és necessari realitzar proves in situ associades a sondatges (per exemple, assajos de penetració estàndard).

Limitacions de les cales

S'ha d'excloure aquest mètode quan es pugui deteriorar el terreny de recolzament dels futurs fonaments o es creïn problemes d'inestabilitat per a estructures properes. En cales d'una profunditat més gran d'1,5 m cap persona no pot accedir a inspeccionar-les o revisar-les si no es troben degudament apuntalades o adequadament atalussades (figura 160). La norma tecnològica NTE ADZ "Acondicionamiento del terreno. Desmontes", 1976, indica com apuntalar les cales (figures 160 a 162).

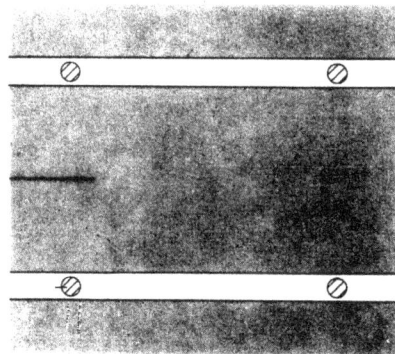

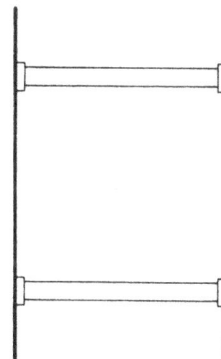

Fig. 160
Estrebat de rases
lleuger (NTE ADZ).

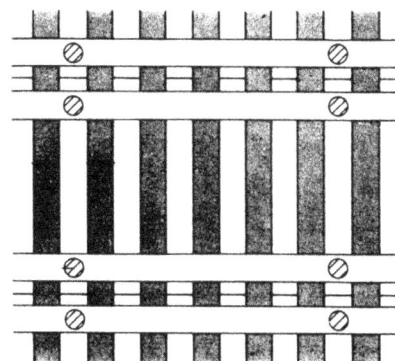

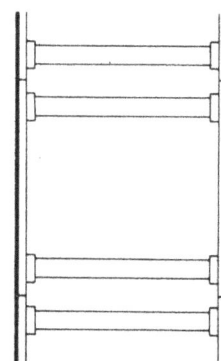

Fig. 161
Estrebat de rases
semiquallat (al 50%,
NTE ADZ).

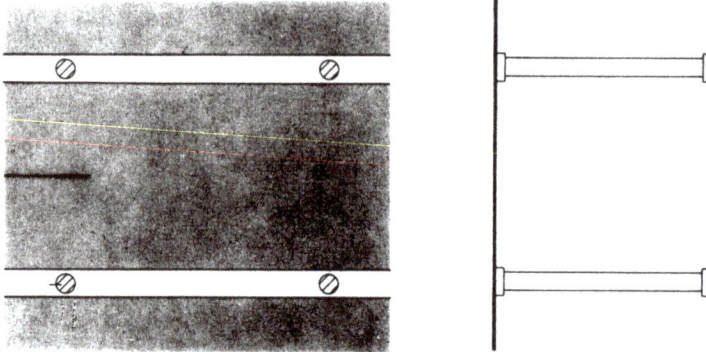

Fig. 162
Estrebat de rases quallat
(100%, NTE ADZ).

b) **Els sondatges mecànics**

Definició: són perforacions de diàmetres i profunditat variables:

– permeten reconèixer la naturalesa i localització de les diferents unitats geotècniques del terreny
– extreure mostres
– realitzar assajos a diferents profunditats.

Tipologia

– preferiblement per rotació amb extracció de testimoni continu (figures 163 a 168) i també:
– percussió
– mitjançant barrina helicoide (buida o massissa).

Fig. 163
Sondatge per rotació
al carrer d'Adolf
Florensa, Barcelona.

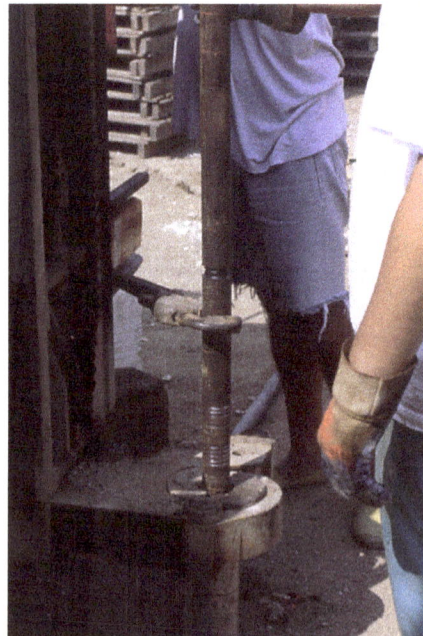

Fig. 164
Empalmament de tubs de
sondatge per incrementar
la profunditat.

Fig. 165
La punta del tub de
sondatge per a sòls tous.

Fig. 166
La punta del tub de
sondatge per a sòls durs.

Fig. 167
La corona de vídia per
perforar sòls durs i la
molla de retenció del
testimoni continu dins
del tub de sondatge.

Fig. 168
La maquinària de perforació
del sondatge pot ser
reduïda per introduir-se en
els edificis. Això permet fer
estudis geotècnics per a
rehabilitacions/reparacions.
En edificis de nova planta,
no cal esperar a l'enderroc
per fer l'estudi geotècnic.

Aplicacions

1. arribar a profunditats superiors a les que es poden aconseguir amb cales;
2. reconèixer el terreny sota el nivell freàtic;
3. perforar capes rocoses o d'alta resistència;
4. extreure mostres inalterades profundes;
5. realitzar proves de deformabilitat o resistència de tipus pressiomètric, molinet, penetració estàndard, etc.;
6. prendre mostres d'aqüífers profunds o realitzar assajos de permeabilitat in situ;
7. determinar valors índex de roca en massissos rocosos;
8. detectar i controlar les variacions del nivell freàtic en un nombre de sondatges suficient, com a mínim en un 30%.

Full d'informació del sondatge (figura 169)

- data, situació en planta i cota de la boca,
- tipus de terres acotats amb descripció visual,
- situació del N.F.,
- mostres extretes: situació i tipus,
- assaigs realitzats (amb resultats),
- incidències, com per exemple: pèrdues d'aigua per detectar capes permeables o galeries, motius d'abandonament del sondatge (si s'abandona).

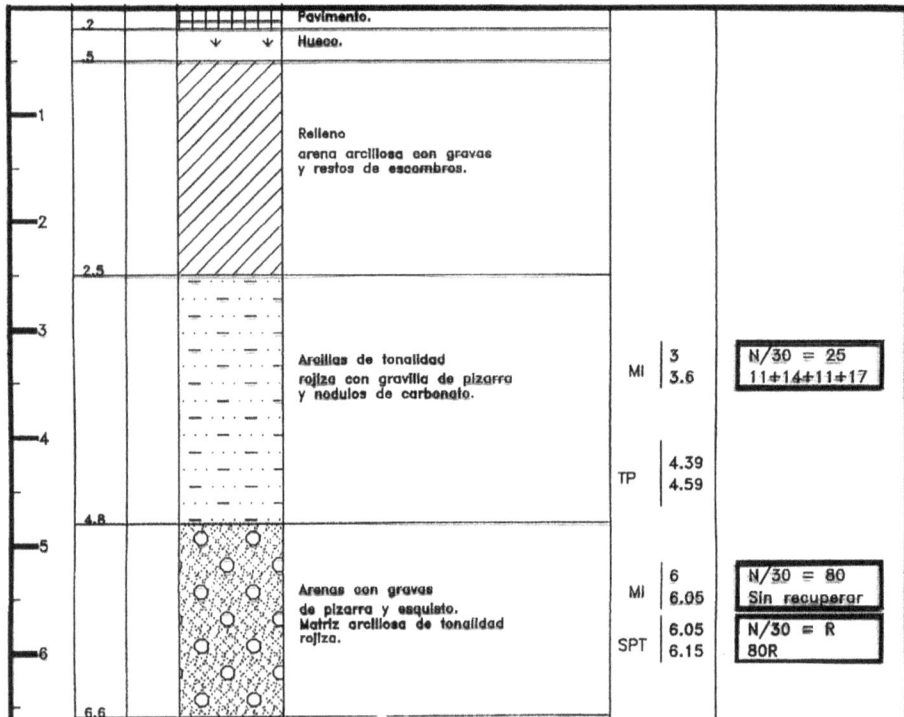

Fig. 169
Full d'informació de sondatge extret d'un estudi geotècnic. La primera columna indica la profunditat referida a la boca del sondatge. La segona indica la profunditat referida al topogràfic. La tercera indica la profunditat del nivell freàtic. La quarta és una representació (no normalitzada) del sòl de cada estrat. La cinquena és una descripció visual feta pel sondista; si està ben feta és molt representativa i útil perquè serveix per consultar les taules de valors orientatius (com per exemple les taules 11, 18 i 21). A la sisena columna s'indiquen les mostres extretes i a la setena, els assaigs en obra.

El nombre mínim de sondatges mecànics depèn del grup de terreny i del tipus de construcció (taula 42). Si el nombre de punts de reconeixement supera el nombre mínim de sondatges es poden substituir sondatges per penetròmetres tal com s'indica en la taula 43. No s'ha de confondre el nombre mínim de sondatges amb el de punts de reconeixement.

Exemple: el tipus de construcció C-1 en grup de terreny T-1 requereix com a mínim 3 punts de reconeixement, dels quals 1, com a mínim, ha de ser un sondatge. Els altres dos poden ser penetròmetres o cales però es recomana molt que siguin sondatges amb extracció de testimoni continu.

	Nombre mínim	
	T-1	**T-2**
C-0	—	1
C-1	1	2
C-2	2	3
C-3	3	3
C-4	3	3

Taula 42
Nombre mínim de sondatges mecànics segons el grup de terreny (T) i el tipus de construcció (C).

	% de substitució	
	T-1	**T-2**
C-0	—	66
C-1	70	50
C-2	70	50
C-3	50	40
C-4	40	30

Taula 43
Percentatge de punts de reconeixement que es poden realitzar amb penetròmetre si el nombre de punts de reconeixement supera el nombre mínim de sondatges.

c) Les prospeccions geofísiques

Les exploracions geofísiques serveixen per obtenir una visió global de les formacions i les seves discontinuïtats.

Tipologia de prospeccions geofísiques: sísmiques per refracció, resistivitat elèctrica i d'altres tècniques geofísiques, com per exemple el georadar.

Sondatge elèctric vertical, SEV (figura 170)

El sondatge elèctric vertical és una prospecció geofísica que es basa en la resistivitat elèctrica del sòl. Aplica un camp elèctric al terreny i mesura el corrent elèctric que hi circula:

- mesura resistivitats amb cales elèctriques
- l'aire té més resistivitat perquè no és conductor
- les argiles són molt conductores, tenen poca resistivitat
- les zones fracturades tenen més aire, és a dir, més resistivitat
- les coves plenes d'aire tenen molta resistivitat

Fig. 170
Sondatge elèctric vertical
(A. Josa et al.,1995). Amb
els elèctrodes exteriors
s'aplica una diferència de
potencial perquè circuli el
corrent, que es mesura amb
els elèctrodes interiors.

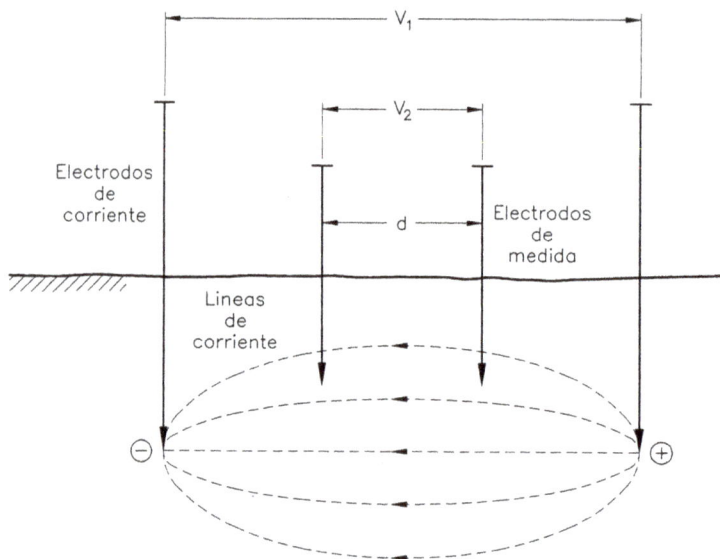

Aplicacions

1. Localitzar massissos, com roques, margues, estrats, etc.
2. Localitzar discontinuïtats: reblerts en pedreres abandonades, coves buides o reblertes, runes, dipòsits, sitges, fonaments, clavegueres (són formes geomètriques no naturals), reblerts heterogenis remenats.
3. Obtenir una visió global de la constitució del subsòl per determinar on s'han de fer els sondatges. Per exemple, si es detecta uniformitat, n'hi haurà prou amb pocs punts de reconeixement.

Exemple 1: poliesportiu de Petra (figura 171). Gràcies a la secció que proporciona el sondatge elèctric es comprova que el sòl és homogeni i només cal un sondatge.

Fig. 171
Sondatge elèctric vertical
per al poliesportiu de Petra.

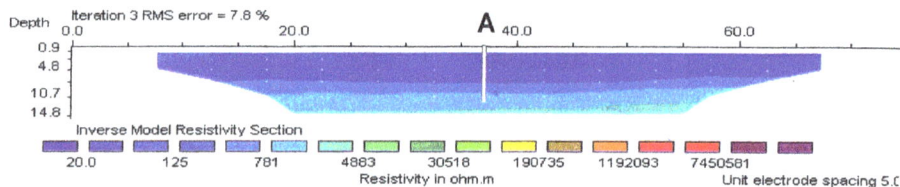

Exemple 2: Muralla d'Eivissa (figures 172 i 173). El resultat dels sondatges era inintel·ligible. El sondatge elèctric va permetre interpretar la secció del terreny i determinar la profunditat de l'estrat resistent.

3.3.3.5. Assaigs de cada unitat geotècnica

La taula 44 presenta la relació d'assaigs de camp amb els resultats que proporcionen i la taula 45 la dels assaigs de laboratori. La taula 46 indica el nombre orientatiu de de-

Fig. 172
El castell d'Eivissa.

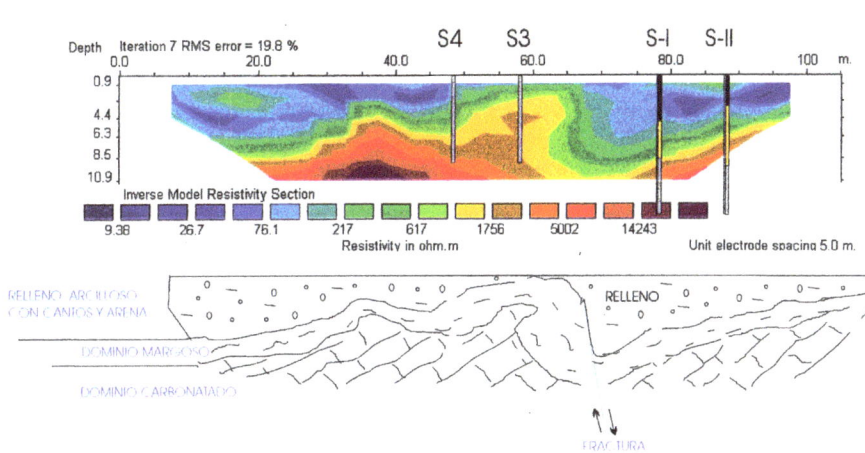

Fig. 173
A la part superior,
el sondatge elèctric
vertical sota el castell
d'Eivissa, i a la part
inferior, la interpretació.

terminacions per superfícies ≤ 2.000 m². Per a superfícies més grans es multipliquen els números de la taula per $(s/2000)^{1/2}$, en què s és la superfície d'estudi en m². Es recomana incrementar un 50% els valors del quadre per a edificis C-3 o C-4.

Tipus	Resultat
a) penetròmetres	
estàtic	corba penetromètrica estàtica
dinàmic	corba penetromètrica dinàmica
de butxaca	valor de la pressió admissible
b) en sondatge	
SPT	N_{30} (nombre de cops)
molinet	moment torçor de tall $\to c$
pressiòmetre	corba pressiomètrica $\to P_l$ i E
c) en superfície o pou	
placa	corba pressió-assentament
d) en pou	
bombament	permeabilitat

Taula 44
Assaigs de camp.

113

Tipus	Resultat
a) d'identificació	
granulometria	corba granulomètrica
límits	límits líquid i plàstic
b) de volum	
densitats	valors
humitat	valor
expansivitat o inflament	canvi potencial de volum
c) mecànics	
compressió simple	corba tensió-deformació
tall directe	recta de Coulomb
triaxial	corba de resistència intrínseca
edòmetre	corba edomètrica
d) **químics**	
agressivitat	Contingut de sulfats

Per a terrenys tipus T-3 es decidirà el tipus i número de determinacions, que mai no seran inferiors a les indicades pel T-2.

S'ha de procurar que els valors s'obtinguin de mostres procedents de punts d'investigació diferents, una vegada que s'hagin identificat com a pertanyents al mateix estrat.

3.3.3.6. Mostres

Categories

1. Categoria **A** (**inalterada**): són de categoria A les mostres que mantenen inalterades les propietats del sòl següents: estructura, densitat, humitat, granulometria, plasticitat i components químics estables.
2. Categoria **B** (representativa): mantenen inalterades la humitat, granulometria, plasticitat i components químics estables.
3. Categoria **C** (representativa): totes les que no compleixen les especificacions de la categoria B.

Extracció de les mostres

L'extracció de les mostres pot ser directa manual en el fons d'una cala (figures 174 a 177), però el més habitual és treure-les amb llevamostres que es clava al fons d'un sondatge a la profunditat d'extracció de la mostra (figures 178 a 183). El testimoni continu que proporcionen els sondatges queda alterat per la forma d'extracció i la llargada depèn de la deformabilitat del sòl i de com se l'hagi manipulada (figures 184 a 192).

Categoria mínima de les mostres

La taula 46 indica la categoria mínima que han de tenir les mostres per tal de fer les determinacions que s'indiquen.

Propietat	T-1	T-2
Identificació		
granulometria	3	6
plasticitat	3	5
Deformabilitat		
argiles i llims	4	6
sorres	3	5
Resistència a la compressió simple		
sòls molt tous	4	6
de sòls tous a sòls durs	4	5
sòls fissurats	5	7
Resistència al tall		
argiles i llims	3	4
sorres	3	5
Contingut de sals agressives	3	4

Taula 46
Nombre orientatiu de determinacions per superfícies ≤ 2.000 m².

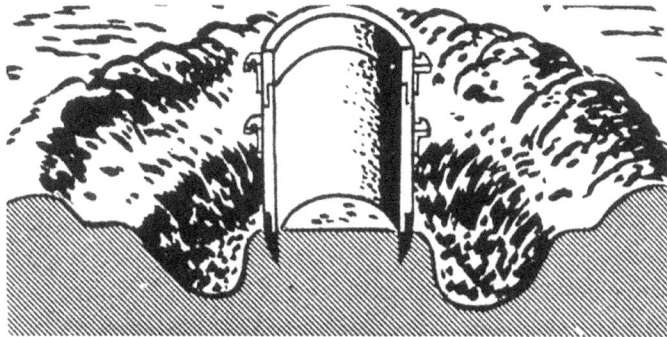

Fig. 174
Presa de mostra inalterada manual cilíndrica 1. Després d'aplanar el terreny, es clava el motlle cilíndric i s'excava una rasa al voltant (G. Bertram, 1961).

Fig. 175
Presa de mostra inalterada manual cilíndrica 2. Es profunditza la rasa fins que tot el cilindre ha penetrat en el terreny. Llavors es talla la mostra per la part inferior, es retira el cilindre i es tapen les cares superior i inferior (G. Bertram, 1961).

Fig. 176
Presa de mostra inalterada manual cúbica 1. S'excava una rasa al voltant de la mostra que s'ha d'extreure. La grandària de la mostra ha de ser inferior a la capça que la contindrà (G. Bertram, 1961).

Fig. 177
Presa de mostra inalterada manual cúbica 2. Es col·loca la capça al voltant de la mostra i es parafinen els vuits que quedin entre la mostra i la capça i la cara superior. Es col·loca la tapa i es talla la mostra per la part inferior, es retira i gira 180ª per tal de parafinar l'altra cara i tapar-la (G. Bertram, 1961).

Fig. 178
Llevamostres inalterades de paret prima (sòl tou, esquerra), de paret gruixuda (sòl dur, centre) i de pistó (sòl molt dur, dreta) (J.M. Rodríguez Ortiz et al., 1982).

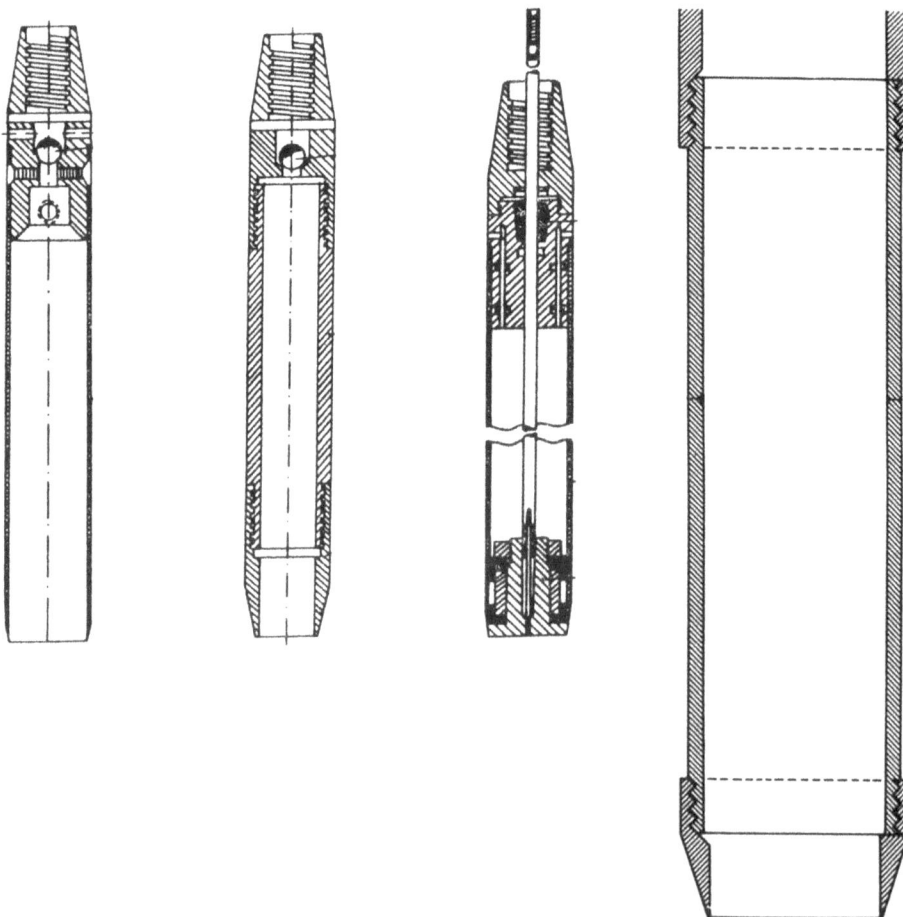

Fig. 179
Llevamostres de la NTE-CEG.

Fig. 180
Extracció del tub de son-
datge amb el llevamostres
inalterades (ETSAB, 1979).

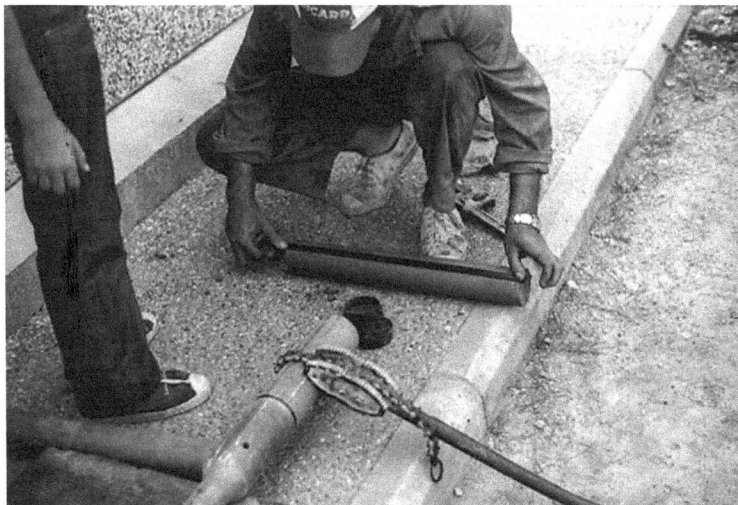

Fig. 181
Precintat de la mostra
inalterada en el llevamostres
abans d'enviar-la al
laboratori (ETSAB, 1979).

Fig. 182
Els llevamostres tal com
arriben al laboratori.

Fig. 183
Extracció de les mostres
al laboratori alterant-les
el menys possible.

Fig. 184
Extracció de la mostra
contínua del sondatge
a cops de mall 1.

Fig. 185
Extracció de la mostra
contínua del sondatge
a cops de mall 2.

Fig. 186
Si la mostra no surt a cops de mall, s'injecta aigua a pressió i encara s'altera més.

Fig. 187
La mostra surt alterada del tub de sondatge.

Fig. 188
La llargada de la mostra continua depèn de la manipulació.

Fig. 189
Un tram de la mostra
alterada embolicada per
enviar-la al laboratori. La
categoria de la mostra és
C (alterada/representativa),
que servirà per identificar
el sòl (descripció visual,
granulometria i límits)
i determinar la matèria
orgànica, el carbonat o
el contingut de sulfats.

Fig. 190
El sondatge amb barrina
helicoide proporciona
una mostra contínua molt
alterada (ETSAB, 1979).

Fig. 191
La mostra de l'SPT
és alterada.

Fig. 192
La mostra continua es pot
guardar en capces per a
verificacions posteriors.

Aigua: A part de les mostres assenyalades, el reconeixement geotècnic ha d'incloure la presa de mostres d'aigua dels diferents aqüífers trobats, amb l'objectiu de preveure possibles problemes d'agressivitat o contaminació. En alguns casos, aquestes mostres serveixen per definir millor la hidrogeologia de la zona d'estudi.

Protecció: Una vegada extretes les mostres, es parafinen o se'ls dóna la protecció adequada i es traslladen al laboratori d'assaig en les millors condicions possibles.

Descripció: De totes les mostres obtingudes en cales o sondatges se'n fa una descripció detallant aquells aspectes que no són objecte d'assaig, com el color, l'olor, la litologia de les graves o trossos de roca, presència de runa o materials artificials, etc., així com d'eventuals defectes en la qualitat de la mostra, per incloure-la en algunes de les categories A o B.

3.3.3.7. Programació de la campanya de reconeixement

El projecte de campanya de reconeixement es realitza en base a la informació prèvia. Per adaptar-la a les característiques reals del sòl, si resulten diferents a les previstes, és convenient programar la campanya de reconeixement d'acord amb el que s'especifica a la taula 48. Es comença per la fase d'avantprojecte fent el mínim (alguna cala o penetròmetre) per comprovar que la informació prèvia correspon al que s'ha previst. En cas contrari, es modifica la campanya. A continuació, la fase de projecta executa el que resta: sondatges, extracció de mostres, assaigs en obra i de laboratori. Finalment, és molt recomanable preveure una tercera fase de control per comprovar el terreny (ni que sigui visualment) un cop realitzada l'excavació i completar la campanya si s'ha manifestat necessari durant l'execució del reconeixement (figures 77 i 193 a 195).

Propietats per determinar	Categoria mínima de la mostra
Identificació organolèptica	C
Granulometria	C
Humitat	B
Límits d'Atterberg	C
Pes específic de les partícules	B
Contingut en matèria orgànica i en $CaCO_3$	C
Pes específic aparent. Porositat	A
Permeabilitat	A
Resistència	A
Deformabilitat	A
Expansivitat	A
Contingut en sulfats solubles	C

Taula 47
Categoria mínima de les mostres en funció de les propietats que s'hagin de determinar.

FASE	ASSAJOS
1. D'avantprojecte: per ratificar la campanya prevista, modificar-la o obtenir valors d'avantprojecte	Cales
	Penetròmetres
2. De projecte: per obtenir els valors del sòl	Sondatges, extracció de mostres
	Estàndard (SPT)
	Pressiòmetre
	Molinet
	Assajos de laboratori
3. De control: per comprovar i completar	Inspecció visual
	Penetròmetres
	Assaig de càrrega amb placa

Taula 48
Programació de la campanya de reconeixement.

Fig. 193
Ampliació de l'estudi geotècnic deguda a l'aparició inesperada del nivell freàtic.

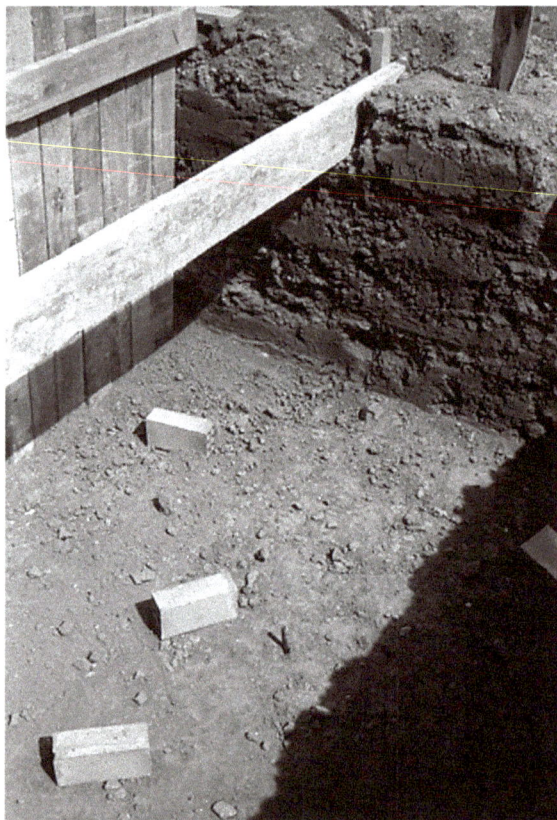

Fig. 194
L'assaig de la parpalina al fons de cada sabata excavada abans d'abocar el formigó de neteja. L'assaig de la parpalina consisteix a clavar manualment una parpalina al fons de cada sabata per detectar bossades toves, coves, roca o restes.

Fig. 195
Una claveguera "oblidada" a la Rambla Nova de Tarragona.

3.3.4. Perfils geotècnics (o seccions estratigràfiques)

Els perfils geotècnics o seccions estratigràfiques són l'eina bàsica per determinar la profunditat de la fonamentació. Se'n requereixen de longitudinals i transversals ≥ 2 (edificis

C0 i C1) i ≥ 3 per a la resta amb indicació d'unitats geotècniques (solament les afectades per la fonamentació), gruix, extensió, identificació litològica, profunditat i oscil·lació del nivell freàtic.

3.3.5. Conclusions

Tipus de fonament recomanat i valors necessaris per al projecte:

1. cota de fonamentació
2. pressió vertical admissible
3. en el cas de pilons, resistència a l'enfonsament desglossada en resistència per punta i per fust
4. paràmetres geotècnics del terreny per al dimensionament d'elements de contenció: densitat, fregament i cohesió
5. assentaments diferencials, previstos i admissibles per a l'estructura de l'edifici i dels elements de contenció que es pretenen fonamentar
6. situació del nivell freàtic i variacions previsibles
7. quantificació de l'agressivitat del terreny i de les aigües que contingui
8. expansivitat
9. coeficient sísmic ponderant 30 m.

3.3.6. Recomanacions constructives

1. Qualificar el terreny des del punt de vista de la seva ripabilitat, procediment d'excavació i de terraplenar més adequat. Talussos estables en ambdós casos, amb caràcter definitiu i durant l'execució de les obres.
2. Proximitat a rius o corrents d'aigua que poguessin alimentar el nivell freàtic o donar lloc a la soscavació dels fonaments, arrossegaments, erosions o dissolucions.
3. Quantificar els problemes que puguin afectar l'excavació especialment en el cas d'edificacions o serveis propers existents i les afeccions a aquests.

3.3.7. Indicació de treballs complementaris

Una relació d'assumptes concrets, valors determinats i aspectes constructius per confirmar després d'iniciada l'obra, a l'inici de les excavacions, abans d'executar la fonamentació, els elements de contenció o els talussos previstos.

Les recomanacions necessàries per al seguiment futur de les oscil·lacions del nivell freàtic, si es preveuen oscil·lacions estacionals o per altres causes.

3.3.8. Identificació de l'autor i signatura

Identificar la signatura, el títol i número de col·legiat. No valen les mosques ni les signatures per ordre d'una altra persona.

3.4. Incidències

Al contingut de l'estudi geotècnic es poden presentar algunes incidències. A continuació se'n llisten unes quantes. A més, es presenta en l'annex un imprès que facilita la lectura, el resum, l'aprofitament i la qualificació de l'estudi geotècnic.

1. A les dades generals: falta l'emplaçament del solar, l'empresa o la data de realització dels treballs de reconeixement.

2. A la informació prèvia: falta informació relativa a l'edifici en projecte, la fonamentació prevista, el sòl, els edificis propers o les rodalies.

3. A la campanya de reconeixement:

   – El nombre de punts és insuficient, estan alineats o mal repartits.
   – No s'indica la cota de les boques dels sondatges.
   – La profunditat del reconeixement és insuficient. En roca cal prospectar com a mínim 2 m + 0,30 m per planta.
   – Falta indicar el nombre de mostres, el tipus o la ubicació (la mostra que proporciona l'SPT no és inalterada de tipus A).
   – Falten assajos o no s'adeqüen al tipus de sòl.
   – Són argiles o llims i no s'han determinat els límits de plasticitat.
   – Són sorres o graves i no s'han fet granulometries.
   – S'ha utilitzat l'edòmetre i el sòl no està saturat o no té cohesió.
   – S'esmenten uns assajos i no se'n proporcionen els resultats.
   – Es presenten uns resultats o valors (per exemple, la cohesió, la fricció, la densitat o el coeficient de balast), i no s'han fet els assajos necessaris per obtenir-los.
   – És roca i no s'ha caracteritzat, no se n'ha determinat la resistència o el valor proporcionat és extraordinàriament conservador.
   – S'han fet assajos utilitzant aparells que no estan normalitzats.
   – Es proporcionen resultats d'assajos mecànics i no s'han tret mostres de tipus A.

4. A les seccions estratigràfiques:

   – Hi falta alguna secció.
   – Hi falta la descripció de les unitats geotècniques o estrats afectats pels fonaments, pantalla o mur de contenció.

5. A les conclusions:

   – Els valors que proporciona l'estudi geotècnic no s'han determinat directament perquè procedeixen d'una taula de valors orientatius o d'una correlació.
   – Falta recomanar el tipus de fonament i la profunditat.
   – La profunditat recomanada no es correspon amb la profunditat analitzada.

6. A les recomanacions constructives:

   – Falten les recomanacions constructives relatives a l'excavació, nivell freàtic, estabilitat de talussos, agressivitat o expansivitat.
   – El valor del coeficient sísmic no s'ha calculat ponderant 30 m.

7. A la identificació de l'autor i la signatura.

3.5. Exemple de campanya de reconeixement

Per un edifici de 2 SOT d'aparcament + PB comercial + 7 plantes d'habitatge

TOTAL: 10 plantes

Solar de 15 m × 30 m = 450 m^2; terreny: amb reblert < 3 m.

D'acord amb les taules 39 a 42, es tracta d'un edifici C-2 sobre sòl T-2; es requereix una distància màxima entre punts de reconeixement de 25 m i el nombre mínim de sondatges és igual a 3.

Per tant, el projecte de campanya de reconeixement és el següent:

1. Nombre de punts: 3 (distància màxima entre punts, 25 m).
2. Profunditat del reconeixement en cada punt: 2 × 3 (soterranis) + 1,5 (cantell de la sabata) + 1,5 × 3 (profunditat del bulb) = 12 m
3. Situació en planta dels punts: forma un triangle en planta que abasta tot el solar.
4. Mètodes de prospecció: 3 sondatges mecànics.
5. Relació d'assajos (2 de cada estrat)

   En obra: SPT.

   De laboratori:
   – Identificació: granulometria i límits.
   – De volum: densitat i humitat.
   – Mecànics: compressió simple, tall directe i expansivitat (si hi ha indicis).
   – Químics: agressivitat (si hi ha indicis) i aigua.

   Es completarien amb l'edòmetre si fos possible trobar assentaments en sòls tous saturats.

6. Mostres que cal extreure: granulometria 2C, límits 2C, densitat 2A, humitat 2B, expansivitat 2C, compressió simple 2A, tall directe 2A, agressivitat 2C i aigua 2.
7. Programació de la campanya:

   7.1. Avantprojecte: 1 sondatge mecànic
   7.2. Projecte: 2 sondatges, mostres i assajos
   7.3. Control: inspecció visual i penetració manual (assaig de la perpalina).

Annex: revisió de l'estudi geotècnic

Revisió del contingut de l'estudi geotècnic   Data: . . . .

1. Dades generals

1.1. Emplaçament: . . . .

1.2. Empresa: . . . .

1.3. Data: . . . .

2. Informació prèvia

2.1. De l'edifici en projecte: . . . .

2.2. Fonament previst: . . . .

2.3. De la parcel·la i el sòl: . . . .

2.4. Edificis propers: . . . .

2.5. Rodalies: . . . .

3. Campanya de reconeixement

3.1. Nombre de punts: . . . .

3.2. Profunditat: . . . .

3.3. Situació:

3.4. Tècniques de reconeixement: . . . .

3.5. Assaigs: . . . .

3.6. Mostres: . . . .

3.7. Programació:

4. Seccions estratigràfiques

5. Conclusions

5.1. Tipus de fonament: . . . .

5.2. Profunditat: . . . .

5.3. Càrrega admissible: . . . .

5.4. Assentaments:

5.5. Coeficient sísmic C: . . . .

5.6. Paràmetres de càlcul dels murs de contenció: $\gamma = c = \varphi =$ . . . .

6. Recomanacions constructives

6.1. Excavació: . . . .

6.2. Talussos: . . . .

6.3. Nivell freàtic: . . . .

6.4. Agressivitat: . . . .

6.5. Expansivitat: . . . .

6.6. Afectacions: . . . .

7. Previsió de treballs futurs . . . .

. . . .

8. Signatura, identificació i visat . . . .

. . . .

9. Què falta? . . . .

. . . .

10. D'altres incidències . . . .

. . . .

11. És suficient? . . . .

. . . .

Bibliografia

Bertram, G. *Ensayos de suelos fundamentales para la construcción.* International Road Federation & Soiltest, Inc. Evanston, 1961.

CLABSA, Clavegueram de Barcelona. *La Planificació i la gestió avançada del clavegueram de Barcelona.* Ajuntament de Barcelona, 1998.

Clascà, J.; VIDAL, J. *Introducción al mapa geotécnico de Barcelona.* Subunitat d'obres de vialitat de l'Ajuntament de Barcelona, 1972.

DB-SE C. *Documento Básico Seguridad Estructural Cimientos. Código Técnico de la Edificación (CTE).* Ministerio de la Vivienda, Madrid, 2007-2008. Disponible a: http://www.codigotecnico.org/web/recursos/documentos/dbse/

González de Vallejo, L.I. *Ingeniería geológica.* Prentice Hall, Madrid, 2002.

L'Hermite, R. *A pie de obra.* Tecnos. Madrid, 1971.

Institut Cartogràfic de Catalunya i Institut Geològic de Catalunya. *Atles geològic de Catalunya.* Barcelona, 2010.

Jenings, T. *Roques i sòls.* Cruïlla, Barcelona, 1989 (segona edició).

Josa, A.; Lloret, A.; Suriol, J. *Geotecnia. Reconocimiento del terreno.* Edicions UPC, Barcelona, 1995.

Llorens, J.; Ruiz, B. *Murs de contenció: de gabions, a flexió i de soterrani.* Edicions UPC, Barcelona, 2012.

Maña, F. *Cimentaciones superficiales.* Blume, Barcelona, 1975.

Matas, J. *Gran Atles Geogràfic i Històric de Catalunya.* Premsa Catalana SA, Barcelona, 1992.

NTE CEG. *Norma Tecnológica de la Edificación: Cimentaciones. Estudios Geotécnicos.* Dirección General de la Vivienda, la Arquitectura y el Urbanismo, Madrid, 1975.

Roca, A. et al. *Atles geològic de Catalunya.* Institut Geològic i Cartogràfic de Catalunya, Barcelona, 2010.

Rodríguez Ortiz, J.M.; Serra, J.; Oteo, C. *Curso aplicado de cimentaciones.* Colegio Oficial de Arquitectos, Madrid, 1982.

Suriol, S. et al. *Geotecnia, reconocimiento del terreno.* Edicions UPC, Barcelona, 1998.

Ventayol, A. et al. *Mapa Geotécnico de Barcelona.* LOSAN, Barcelona, 1978.

Wallis, F. *Enciclopedia Visual.*

www.ingramcontent.com/pod-product-compliance
Lightning Source LLC
Chambersburg PA
CBHW061407090426
42739CB00020B/3493